苏北地区基层政府
公共服务供给研究

张彦华 邢玮 陈雪 著

中国矿业大学出版社
·徐州·

图书在版编目(CIP)数据

苏北地区基层政府公共服务供给研究/张彦华,邢玮,陈雪著.—徐州:中国矿业大学出版社,2023.9
ISBN 978-7-5646-5990-5

Ⅰ.①苏… Ⅱ.①张… ②邢… ③陈… Ⅲ.①地方政府－社会服务－研究－苏北地区 Ⅳ.①D625.53

中国国家版本馆 CIP 数据核字(2023)第 192130 号

书　　名	苏北地区基层政府公共服务供给研究
	Subei Diqu Jiceng Zhengfu Gonggong Fuwu Gongji Yanjiu
著　　者	张彦华　邢玮　陈雪
责任编辑	姜　翠
出版发行	中国矿业大学出版社有限责任公司
	(江苏省徐州市解放南路　邮编 221008)
营销热线	(0516)83885370　83884103
出版服务	(0516)83995789　83884920
网　　址	http://www.cumtp.com　E-mail:cumtpvip@cumtp.com
印　　刷	广东虎彩云印刷有限公司
开　　本	710 mm×1000 mm　1/16　印张 13　字数 227 千字
版次印次	2023 年 9 月第 1 版　2023 年 9 月第 1 次印刷
定　　价	58.00 元

(图书出现印装质量问题,本社负责调换)

前言 / Preface

　　基层社会治理是国家治理的重要基石,基层政府的公共服务供给水平直接关乎人民利益、社会经济发展和政治秩序稳定。基层政府公共服务供给能力的提升可为我国基层政府治理体系和治理能力的现代化提供重要支点。作为基层政府的重要职能,公共服务供给不仅直接体现出基层政府相关职能的履行水平,而且也会受到该地区地理环境、社会经济发展阶段等因素的制约。因此,苏北地区基层政府公共服务供给不仅具有其他地区基层政府公共服务供给的一般属性,而且会受所在地区政治、经济、文化等因素的影响,表现出某种特殊性和复杂性。

　　本书基于中国本土化场景,从我国基层政府治理的新形势与公共服务供给的新情况出发,对相关理论范式进行梳理,从宏观、中观和微观等立体视角出发对苏北地区基层政府公共服务供给的历史与现实、理论与逻辑进行了刻画。本书以案例分析等为主要研究方法,围绕政治、经济、文化体系之间的互动治理关系,从国内外实践中挖掘出鲜活案例,为观察、分析苏北地区基层政府公共服务供给提供了客观数据资料,并提出了推进苏北地区基层政府公共服务供给现代化的基本路径。本书以徐州市贾汪区(简称贾汪区)和盐城市盐都区(简称盐都区)两个苏北地区为例,对基层政府公共服务供给情况展开系统研究,深入分析了影响苏北地区基层政府公共服务供给的关键要素及其运作机理,提出了富有针对性、科学性的应对之策,有助于为提升苏北地区基层政府公共服务供给能力和政府公信力提供参考。

本书的研究探索,不仅有助于系统挖掘、探讨以苏北地区为代表的我国基层政府公共服务供给中存在的基本问题,可为其他同类型地区基层政府公共服务供给的发展与振兴提供借鉴,而且还可以持续丰富、完善具有中国本土化特色的基层政府善治之道,进而更好地促进公共服务产品惠及全体社会成员。

本书第一章绪论由张彦华负责撰写,第二章案例分析由邢玮负责撰写,第三章案例分析由陈雪负责撰写,第四章路径探索和第五章结语由张彦华负责撰写。张彦华负责全书的修改、统稿工作。

本书获得中国矿业大学公共管理学院(应急管理学院)学科建设经费、中宣部宣传思想大调研"推动新时代宣传思想工作高质量发展研究"调研课题经费资助,在此深表感谢。同时,感谢中国矿业大学出版社在本书出版过程中给予的帮助和付出!由于苏北地区基层政府公共服务供给研究富有创新性,且著者的能力和水平有限,书中研究难免存在纰漏,在此恳请学界、业界专家批评指正。

著 者

2023 年 3 月

目录 / Contents

前　言 ·· 1

第 1 章　绪　论 ·· 1

　1.1　问题的提出 ··· 3

　1.2　差序政府信任格局与基层政府的公共服务水平 ·········· 7

　1.3　基层政府治理的新形势与公共服务供给的新情况 ····· 9

　1.4　探索基层政府公共服务供给能力的不同角度 ············ 19

　1.5　不同类型的公共服务及与其契合的供给策略 ············ 26

　1.6　苏北地区基层政府公共服务供给 ····························· 27

第 2 章　徐州市贾汪区政府购买法律服务问题研究 ············ 33

　2.1　问题的提出 ·· 35

　2.2　政府购买法律服务相关概念及理论基础 ··················· 46

　2.3　贾汪区政府购买法律服务的概况 ····························· 55

　2.4　贾汪区政府购买法律服务存在的问题 ······················ 73

▶ 1

  2.5 贾汪区政府购买法律服务所存问题原因分析 …………… 83
  2.6 贾汪区政府购买法律服务的优化路径 ………………… 90
  2.7 本章小结 ………………………………………………… 102

第3章 盐城市盐都区政府公共文化服务供给问题研究 ………… 105
  3.1 问题的提出 ……………………………………………… 107
  3.2 公共文化服务供给相关概念及理论基础 ……………… 121
  3.3 盐都区公共文化服务供给概况 ………………………… 130
  3.4 盐都区公共文化服务供给所存问题分析 ……………… 138
  3.5 国内外公共文化服务供给实践及启示 ………………… 151
  3.6 盐都区公共文化服务供给的对策建议 ………………… 159
  3.7 本章小结 ………………………………………………… 168

第4章 苏北地区基层政府适配国家治理转型的优化路径 ……… 171
  4.1 治理生态:公共服务产品的供给与基层社会的鲜活需求 …… 173
  4.2 治理体系:压力型体制与基层政府公共服务供给的
     制度规范 ………………………………………………… 176
  4.3 社会情感:以"软执行"能力的提高来赋能基层政府
     公共服务供给效能 ……………………………………… 181

第5章 结 语 ……………………………………………………… 185

附 录 ……………………………………………………………… 189

参考文献 …………………………………………………………… 193

第 1 章

绪　论

基层政府在国家政治权力系统中处于行政层级的基础位置,扮演着政治权力末梢、行政组织末端和社会治理单元的重要角色,是国家与社会、中央与基层之间的关键连接点。苏北地区基层政府的公共服务能力不仅具有其他地区基层政府公共服务供给能力的共同特性,而且因受所在地区基层政府治理的环境变化、行政绩效考评等因素的影响,在公共服务供给方面存在特殊性。

第1章 绪 论

1.1 问题的提出

基层政府位于科层制体系"金字塔"的最底层一级,是与群众联系最为密切的行政群体,县处级以下行使公权力的所有人员都被涵盖其中。[①] 基层政府是我国政府体系的重要组成部分,担负着提供基层公共产品和服务的职责。强化基层政府公共服务能力,是一个国家和地区经济社会发展水平的重要表现,也是衡量政府执政水平和政策取向的重要尺度。强化基层政府公共服务能力对于实现高层公共产品与基层公共产品供给的均衡进而提高基层政府辖区社会成员的福利水平具有重要意义。[②] 基层社会治理是国家治理的重要基石,基层政府的公共服务水平不仅直接关乎人民利益,而且直接关乎政治稳定和社会经济发展。党的二十大报告明确指出,我们要实现好、维护好、发展好最广大人民根本利益,紧紧抓住人民最关心最直接最现实的利益问题,深入群众、深入基层,采取更多惠民生、暖民心举措,健全基本公共服务体系,提高公共服务水平。国家的战略布局与公众的鲜活需求交汇,意味着新时代的基层政府需要有效克服以往在公共产品供给层面的缺陷。

随着我国市场经济体制改革的日益深化和政府职能的逐步转变,政府在增强公共服务能力、提高公共服务水平方面进行了一系列探索和实践。这些探索和实践虽然取得了一定的成效,但我国基层政府公共服务能力却明显有待提高,基层公共产品存在供给总量短缺、结构失衡等现象。我国政府非常重视基层治理,基层政府治理在党的领导下,治理主体多元、治理模式多样、治理能力提升、治理行为有效,基层政府治理取得了显著成效。但同时,基层政府在政策制定和执行过程中出现行为偏差的现象也时有发生,导致基层治理效率低下,影响了人民的切身利益和政府的公信力。[③]

基层政府公共服务能力弱化已经成为一个现实问题,基层公共产品供给总量短缺、结构失衡等现象意味着强化我国基层政府服务能力已成为亟

[①] 金太军,金祖睿.基层政府"微腐败"及其整体性治理[J].江汉论坛,2022(12):42-47.
[②] 王玉华,李森.基层政府公共服务能力研究:基于完善省以下财政体制的视角[M].北京:中国财政经济出版社,2010.
[③] 卢江阳,吴湘玲.基层政府治理行为偏差的生成逻辑与矫正维度探析[J].中州学刊,2023(2):19-23.

待解决的问题。[①] 我国部分地区基层政府公共服务供给需要继续强化问题意识并对以往的相关偏差予以纠正,进而通过对该领域价值的开拓来深入推进我国国家治理体系和治理能力现代化。

1.1.1 基层政府公共服务供给能力的相关研究

基层政府公共服务供给能力的提升,不仅有助于驱动我国基层政府治理的现代化进程,而且有助于以基层公共管理人员公共服务素质的提高和工作方法的现代化为基层政府治理体系和治理能力的现代化进程提供重要支点,故基层政府公共服务供给能力研究成为公共管理等多学科密切关注、研究的重要领域。国内学者对基层政府公共服务供给领域的研究开始于2008年针对"基层政府公共服务能力分析及提升策略"[②]的研究,随后相关学者分别从"强县扩权背景下我国基层政府公共服务供给能力研究"[③]、"公民能力的拓展——基层政府公共服务供给的趋势"[④]、"基层政府公共服务能力:影响因素及对策分析"[⑤]等视角对我国基层政府公共服务进行了分析。

在此基础上,不同学者从多维视角对基层政府公共服务供给领域的研究进行了丰富和拓展。其中,从研究视角来看,部分学者侧重于利用扎根理论来分析我国城市基层政府公共服务职能的不完全外包难题[⑥];从研究方法来看,部分学者借助案例分析法以南京市S区和Z区为例来研究基层政府购买公共服务中的干预行为[⑦]、以江西省G镇为例来研究基层政府购买农

[①] 王玉华,李森.基层政府公共服务能力研究:基于完善省以下财政体制的视角[M].北京:中国财政经济出版社,2010.

[②] 王峰虎,方丽娟.基层政府公共服务能力分析及提升策略[J].西安交通大学学报(社会科学版),2008,28(6):23-26,60.

[③] 雷晓康,方媛,王少博.强县扩权背景下我国基层政府公共服务供给能力研究[J].中国行政管理,2011(3):75-79.

[④] 王金水.公民能力的拓展:基层政府公共服务供给的趋势[J].中国行政管理,2009(11):95-99.

[⑤] 张武强,汪雷,王蕙.基层政府公共服务能力:影响因素及对策分析[J].江西社会科学,2009(5):192-196.

[⑥] 贾旭东.中国城市基层政府公共服务职能的不完全外包及其动因:基于扎根理论的研究发现[J].管理学报,2011,8(12):1762-1771.

[⑦] 王春婷,鲁利洁.基层政府购买公共服务中的干预行为研究:基于两个案例的探索[J].江苏社会科学,2021(5):100-110.

村公共服务的实践路径问题[1]、以基于豫东地区的实证研究来探讨基层政府向社会组织购买公共服务的问题[2]、以上海市为例来思考完善基层政府公共服务外包[3]等公共服务供给问题[4],同时也对公众对基层政府减少或取消公共图书馆服务决定的反应[5]、地方政府公民门户应用程序服务的改善等内容进行了案例分析研究;从不同的侧重区域来看,学者们分别聚焦于我国西部地区基层政府公共服务有效性研究[6]、农村地区的基层政府体制改革与农村公共服务效率提升研究、欠发达地区城市基层政府购买社区公共服务问题研究[7]等公共服务创新问题方面。

从上述研究成果可知,人们对基层政府公共服务领域的研究较早,且多利用扎根理论进行分析,多以案例分析为主要研究方法,密切关注基层政府、公共服务等领域,并从多维视角对政府公共服务领域进行了研究。

国内学者充分利用自己可以近距离观察我国基层政府财政实践的比较优势(有的研究者作为基层政府工作人员参加了基层政府公共服务供给的具体实践),对我国基层政府公共服务能力问题进行了较为系统、全面的研究。比如,对基层政府公共服务能力概念的界定、公共服务能力状况的判断、公共服务能力弱化原因的分析以及对强化基层政府公共服务能力所提出的对策建议等都具有一定的科学性、合理性。[8] 但是,现有文献对公共服

---

[1] 崔光胜,余礼信.基层政府购买农村公共服务:实践、困境与路径:基于江西省G镇的个案分析[J].中南民族大学学报(人文社会科学版),2014,34(6):138-142.

[2] 王晓征.基层政府向社会组织购买公共服务探析:基于豫东地区的实证研究[J].社会主义研究,2013(5):112-117,170.

[3] 陈奇星.完善基层政府公共服务外包的思考:基于上海市的研究[J].中国行政管理,2012(11):77-79.

[4] 容志.基层政府公共服务供给的问题与对策:基于上海的研究[J].上海行政学院学报,2011,12(6):43-51.

[5] MCCAHILL D, BIRDI B, JONES R B. Investigating the public response to local government decisions to reduce or remove public library services[J]. Journal of librarianship and information science, 2020,52(1):40-53.

[6] 张志超,邢天添.提升西部地区基层政府公共服务有效性研究[J].西北大学学报(哲学社会科学版),2011,41(1):10-14.

[7] 王妮丽.欠发达地区城市基层政府购买社区公共服务的困境与突破[J].四川理工学院学报(社会科学版),2019,34(6):74-86.

[8] 王玉华,李森.基层政府公共服务能力研究:基于完善省以下财政体制的视角[M].北京:中国财政经济出版社,2010.

务供给方面的研究相对较少,且相关研究成果相对滞后、碎片化。

本书在对已有研究成果进行广泛收集、深入分析和系统总结、评价的基础上,汲取已有研究成果的精华,选择具有特色化的研究对象为重要切入口,试图继续丰富基层政府公共服务供给领域的研究成果,努力拓宽现有研究领域并试图使相应研究领域向更加精细、深刻的方向持续推进。

1.1.2　基层政府公共服务供给改革的切入视角

提升基层政府公共服务供给能力,不仅有助于增强政府公信力和提高政府政治信任水平,而且有助于驱动传统粗放式的治理型政府向高效协同的服务型政府转型。此过程不仅涉及政府重塑进程,而且也需要部分基层政府根据社情民意和自身特点,主动对社会新问题的解决方案进行有效探索,持续优化服务型政府的建设进程。在对基层政府公共服务供给问题的探索中,形成了不同的理论结晶。其中,新公共管理理论认为,为了克服部分基层政府缺乏竞争激励、监督薄弱等弊端,应将企业家精神纳入政府公共事务进程,以市场力量来赋能政府的公共服务供给,从而规避或削弱部分政府服务供给不足的问题。例如,有学者指出美国不同基层政府对公共服务成本和收益公平分配的不同政策偏好,直接影响了美国政府在"大衰退"危机中的政府绩效的差异化表现。[①] 此种研究表明,新公共管理理论在部分国家和地区的政治生活系统中扮演着重要角色。

然而,新公共管理理论过度强调市场竞争及其效率优势,容易导致其他问题。针对此种瑕疵,新公共服务理论认为,政策执行等相关公共政策过程是多元利益主体及其所代表的利益集团相互博弈的外在表现,多元利益主体及其所代表的利益集团在代表公众真实意愿等层面存在瑕疵,故政府应以公共服务提供者的角色来有效协调多元主体的利益诉求并驱动公共利益的有效达成。例如,基层政府应鼓励公众通过参与政治决策过程,将其诉求纳入主流价值观念;基层政府应以公共服务等多维价值导向来促进自身职能的多元化发展,将公众视为客户并为其提供公平的服务。我国基层政府

---

① WOOLDRIDGE B,SMITH H J M. US sub-national governmental response to the 'great recession': implications for the 'equitable distribution of the costs and benefits of public services'[J]. International review of administrative sciences,2017,83(3):425-442.

在推进基层治理现代化的进程中,不仅需要充分发挥人民群众的主体作用,大幅提升政府行政效率,而且应该充分履行政府公共服务等相关职能来有效满足人民群众的真实需求。因此,新公共管理理论、新公共服务理论等相关理论虽有部分瑕疵,但也蕴含契合我国国情的合理成分,并能够为我国部分地区基层政府公共服务供给效能的提升提供重要参考。

1.2 差序政府信任格局与基层政府的公共服务水平

信任普遍镶嵌于社会生活系统之中,并以各种方式将不同利益主体组织起来。公众对基层政府的行为与其预期的一致性程度在某种程度上表现了公众对基层政府的信任程度。因此,作为社会信任系统的重要组成部分,政府信任关系是公众与政府之间通过互动、合作等方式所建构起来的重要关系,而此种关系的有效建立也会有利于顺利实现公共治理的相关目标。较高的政府信任有利于保持社会秩序稳定。从此种角度来看,较高的政府信任水平能够反映出公众对政府的某种预期与政府公共服务供给的有效水平,故政府信任是当代政治生活系统得以有效运作的重要条件。

我国政府的行政构成分为不同的层级和维度,且会因受"条块关系"的影响而表现出不同的政府信任程度。差序政府信任理论指出,在一般情况下,公众对行政层级较高的政府的信任高于对行政层级较低的政府的信任。[①] 由此可知,公众对行政层级较高的政府表现出较高的信任水平;反之,公众对行政层级较低的政府机构的信任程度也较低,并呈现螺旋式下降的"央强地弱、层级递减"的差序政府信任格局。在我国政府信任关系网络的差序格局中,基层政府虽然是上级政府与公众有效联系的桥梁,对于国家政策的有效落实和基层社会的长治久安起着举足轻重的作用,但是在差序政府信任格局中却位于相对不利的位置。由于基层政府的行为方式、施政效果能够为公众所真切感知,故基层政府社会形象的优劣会直接关系到政府权威,以及公众对整个政府体系的信任水平。

---

① 吕杰,刘天祥.差序政府信任的微观生态结构和衍生逻辑:构型研究的视角[J].北京大学学报(哲学社会科学版),2022,59(5):107-118.

1.2.1 基层政府的公共服务供给水平与差序政府信任格局

较低的政治信任水平会降低公众参与基层公共政治事务的积极性。较低的政治信任水平会导致低水平政治参与,也会削弱对相关公共管理人员的行为约束力或监督效应。这不仅容易增加基层政府部分公共管理人员腐败的概率,而且也会加大基层政府政策执行等被误解的可能。由此增加的政治成本,容易对部分基层政府的政治信任水平产生负向增强效应,从而弱化基层政府的社会治理效能。

随着社会发展水平和社会复杂程度的提高、公众需求的不断提升以及风险社会脆弱性的增加,基层政府面临的挑战难度会增加。低水平的政府信任也会对基层政府日常工作或创新性公共事务活动构成阻碍,并可能会削弱基层政府的服务绩效、激化社会矛盾并阻碍社会的良性发展。从此种角度来看,基层政府的公共服务供给水平不仅会影响公众对高质量、高效率公共服务产品的获得,关系公众对基层政府治理的认同和信任程度,而且会影响差序政府信任格局的衍变倾向和基层政府治理体系和治理能力的现代化水平。

1.2.2 基层政府公共服务供给与公众的政治信任水平

基层政府公共服务供给能力的提升,有助于强化服务型政府的建设水平,增强公众的获得感、幸福感,并提升基层政府的政治信任水平。一般而言,政治信任可以分为广义和狭义两种类型。狭义的政治信任是指公众对政府的信任,广义的政治信任是指公众对政治系统的信任,包括公众对政治体制、政府绩效、政治人物和政治价值等多个范畴的信任。[1] 构成政治信任的要素虽然比较复杂,但公共服务要素却可以通过对政府及其嵌入的政治生活系统的影响力,来直接或间接地影响公众对基层政府的信任水平。

随着网民政治参与意识的日益提高和地方社会发展进程的加快,公众对基层政府政治信任的重要性日益凸显,相关公共服务存在的问题随之显现。相关研究表明,面对不断增长的基于美好生活需要的公共服务新要求,当前部分基层政府公共服务供给尚存在公共服务供不应求、公共服务供非

---

[1] 纪忠慧.美国舆论管理研究[M].北京:新华出版社,2016.

所求、公共服务供给低效以及公共服务供给不均等问题。另外,当前部分基层政府在公共服务供给上缺乏提高绩效、扩大服务内容的动力,由此面临观念更新不到位、激励机制存在偏差、外部压力影响较小等公共服务供给的动力困境,财政能力有限、决策满意度不高、管理能力不足等公共服务供给的能力困境,以及内外监督评估乏力、协作水平不高等公共服务供给的运行困境。① 其中,以对基层政府公共服务能力的监督为例,由高层政府考评基层政府行为的有效程度没有信息优势,有信息优势考评基层政府行为有效程度的是基层政府辖区内的公众及其选举出来的代表所组成的权力机关。但现实中我国的人民代表大会对同级政府的监督制约作用存在弱化现象,于是基层政府的行为从实现辖区内的公共利益最大化的角度考察就出现了异化。异化的基层政府的行为成为导致基层政府公共服务能力弱化的内部因素。②

由上述研究可知,基层政府作为公共服务产品的重要供给者,其所提供的公共产品和服务质量可以反映出基层政府的绩效水平,但多种因素却可能会影响基层政府公共服务产品供给水平,并进而直接影响公众对基层政府部门的信任评价程度。由于基层政府参与公共服务产品供给等资源调配过程中的行为方式、工作态度、施政效果等要素均可以为公众所真切、多元感知,而公众也会通过各种方式对该政府机构及其代表的政治生活系统进行评价,故通过上述互动过程建构的多维度的政民关系的质量,可以直接反映出政府信任的水平。从此种角度来看,基层政府提供的优质公共服务,不仅要关注自身最终的绩效考评结果,而且应将以人民为中心的相关指标细化到服务细节和服务过程之中,并以公众与基层政治系统之间的良性互动为高水平政治信任夯实基础。

1.3 基层政府治理的新形势与公共服务供给的新情况

基层社会是国家、社会的有效连接渠道和政府治理的基础单元,也是公共管理过程推动不同利益主体多元协作和集体行动的重要试验场域,故基

---

① 丁琼.优化地方政府公共服务供给面临的困境及其破解[J].中州学刊,2019(12):17-22.
② 王玉华,李森.基层政府公共服务能力研究:基于完善省以下财政体制的视角[M].北京:中国财政经济出版社,2010.

层社会是基层政府机构将政治制度优势转化为社会治理优势的重要载体。同时,基层政府处于国家政治权力系统中行政层级的基础位置,属于政治权力末梢、行政组织末端和社会治理单元。特别是对于幅员辽阔的我国而言,部分基层政府的治理水平,直接关系到基层政府公共服务产品的提供。然而,随着不同地区、社会阶层分化差距的扩大,公共服务资源的供给及其在不同利益主体之间的分配所面临的挑战也较为严峻。

1.3.1 基层政府治理的环境变化对公共服务供给的影响

生态系统论认为,人们日常生活的环境或自然生态环境是一种具有嵌套式结构的系统,具有层次性、动态性、整体性。这种环境系统包括直接影响人们心理发展的环境子系统和间接影响人们心理发展的环境子系统。各个环境子系统层层嵌套,进行着动态的相互影响,由此构成了人们生活于其中的整体的生态环境。[①] 由此研究可知,生态系统具有开放性,且不同系统与其他系统之间,以及与整体生态系统之间均存在能量互动、相互建构的过程。作为整体生态系统的重要环境子系统,基层政府公共服务产品的供给同样需要与基层社会场域等多维环境子系统之间产生各种关系,基层政府公共服务产品的提供也可能因会受到基层社会场域等多维环境子系统的影响而表现出不同的现象。

1.3.1.1 公共服务供给相对单一

长期以来,处于传统社会之中的基层社会的生产力水平相对较低,经济、社会的发展速度较慢,生活方式相对单一,群体的差异化程度相对较小,而由不同社会群体构成的社会形态相对简单。在此情况下,基层社会的问题一般具有同质化特征。同时,由于传统基层社会具有浓厚的农业社会属性,而农业社会中的"熟人社会"关系也会嵌入基层社会治理关系。在此情况下,基层社会治理中遇到的问题,一般可以使用宗族、邻里等人情关系、人情规范来解决。因此,在传统社会治理中,基层政府的管理者可以将其下辖的基层社会或其中的某个群体视为一个相对同质化的治理客体,并为基层社会或其中的某个群体提供相对单一化的公共服务供给产品和服务。在此

---

① 陈彦宏.传承与变迁:互联网时代青少年社会性发展研究[M].北京:中国书籍出版社,2018.

过程中，即使有部分小规模群体有相对异质化的需求，或者该地区存在一些需要予以重视的小规模、差异化矛盾，相关治理主体也可能会因过于关注主要矛盾而对这部分小规模群体采取区别对待的淡化策略。不仅如此，由于传统基层社会的形态相对简单，故部分政府工作人员在设计、提供相关公共产品和服务时，可能会因惯性思维、路径依赖而增强了工作理念、手段等方面的惰性。这种情况使基层社会风险治理手段、策略因缺乏灵活性和不能及时更新而僵化，并可能会导致诸如相关公共服务产品供给方案的周密性有待提升、供给手段的科学性有待商榷等问题。

随着工业化社会、信息化社会、智能化社会效应逐渐下沉，基层社会生活的城镇化、现代化程度越来越高。社会形态因为便捷的交通、开放的虚拟网络变得更加具有流动性、自由化，在社会阶层、公众认知等方面也出现了高度分化。同时，性质不同且具有不同利益诉求的多元化群体正在崛起，从而带来社会态度、社会情感、社会行为的差异化，并使得社会的异质化程度大幅提升。例如，有研究指出：在40多年的改革开放历程中，中国社会历经了从农业社会、工业社会到网络社会的巨大变革。在每一次社会变革中，人与人、人与组织间的关系都被重构，而新形态下的社会群体形式也应运而生。在此社会语境下，中国社会结构呈现出日益鲜明的多元分化特征，而日新月异的信息传播技术又加速了这种进程并带来一场新的社会交往革命。在新的社会交往关系主导下，新的社会群体——网络社群，由此崛起并正以显著的速度参与到公共政策的实践中去。[1] 随着经济的发展、社会的进步和技术水平的提高，以及人们对自我权利重视程度的提升，用户群体对个人态度、话语能量等方面的认知、态度、情感和行为倾向发生了明显改变，逐渐从传统制度的束缚中解脱，开始对公共事务表达不同的态度和意见。[2]

由上述研究可知，传统基层社会相对单一的社会形态已经在发生变化，且其内部构成群体及相关问题的复杂性也在大幅提升。由于此种过程是在自改革开放至今的短短几十年内发生的，故上述质的变化及由此而产生的复杂性会给部分基层政府带来更大的压力。如果部分基层政府仍然采取传

---

[1] 张彦华.网络社群的三重效应及其对公共决策的影响研究：基于传播政治经济学的视角[J].宁夏社会科学，2020(2)：82-89.

[2] 张彦华.网络视频话语的变迁及其风险治理研究：基于传播政治经济学的分析视角[J].宁夏社会科学，2022(1)：204-212.

统的笼统式、单一化的治理策略,不将基层社会的特殊性予以审慎考虑,并采取更具适应性、有效性的治理策略,将不仅不利于提升基层政府公共服务供给的创新性,使基层政府有机会跳出某些低水平的风险治理圈层,而且也会忽略某些敏感的差异化问题以及某些关键小规模群体的核心诉求。故传统的笼统式、单一化的治理策略可能会削弱部分公共服务产品的供给效能、导致网络舆情并冲击地方社会秩序,或者衍生出政治安全问题。

1.3.1.2 公共服务供给受传统文化影响较大

尽管我国基层治理的整体生态环境发生了较大变化,但部分地区仍遗留着较为浓厚的传统社会因素,并可能会对基层政府的公共服务供给带来影响。其中,就因宗族、邻里等人情、"面子"、关系要素形成的"圈子文化"差序格局生态而言,"圈子文化"的中心层是基层政府权力使用主体,中心圈是以宗族血缘为纽带的地方法团,往外层是工作生活中交往甚密的朋友圈,再往外层则是通过亲戚朋友关系建立的次级交往圈,最外层便是陌生人圈。[①] 由上述阐述可知,在此"圈子文化"的差序格局之中,相关资源的密度随着人与人之间的关系与信任程度而呈现出波纹状扩散的分布状态。在此差序格局中处于较为中心位置的政府工作人员,常掌握着与公众利益相关的信息等资源,且能够对其他社会领域的个体、组织产生较大的吸引力;位于此差序分布格局边缘的公众,为了获取较多的社会、政治、经济等资源,也可能会倾向于通过血缘、学缘、地缘等关系来强化自身与该关系网络中心群体的联系,并会试图以某种"优质"关系的建构来强化自身的核心竞争力。因此,在部分地区基层社会"圈子文化"差序格局生态的演变过程中,可能会滋生腐败行为。

面对上述不良行为,即便部分公众有排斥心理或排斥行为,但他们也可能因为担心失去该"圈子"的密切关系或信任关系而处于相对克制状态。由此可知,尽管部分基层政府已经通过政务公开、举报热线等方式来拓展公众的政治参与渠道,但由于受自身知识素养较弱等方面因素的限制,公众之间对某项公共事务形成共识并产生较大参与动力的概率较低,在关键信息获取、公共权力运作参与等方面也具有较大局限性。故公众在基层治理话语

---

① 金太军,金祖睿.基层政府"微腐败"及其整体性治理[J].江汉论坛,2022(12):42-47.

体系中常处于弱势地位,且公众难以平等、有效地参与公共服务产品供给等公共事务,进而可能会加剧部分地区"圈子文化"差序格局生态对公共服务产品供给的影响。在此情况下,在以"圈子文化"差序格局生态为代表的基层社会语境中,部分地方可能会存在以"微权力"导致"微腐败"的问题,而此问题也将加剧该地区风险治理制度化、规范化的滞后进程。

基层社会生态变化进程的加快,虽然可能使得部分阶段性、临时性或过渡性的公共政策很快过时,但是由此过渡性政策衍生的部分利益群体却可能寄生其上并对该政策的废止进程进行阻挠,从而容易增加契合时代发展的新政策的制定及执行的难度。公共政策的滞后效应将会削弱公共政策在制定、选择、执行和评估等不同阶段利益调适功能的有效发挥程度。由此引发的部分利益群体的不满等政策成本,不仅会损耗政府公信力和其他公共资源,扩大相关公共政策在设计空间、价值导向、执行弹性等方面的局限性,也会进一步削弱相关利益主体诉求的表达及其对自身权利的维护能力[①],故可能会增大该领域风险发生的概率、加剧激烈程度,并会直接或间接地影响该地区公共服务产品的供给进程。

1.3.2　行政绩效考评和压力型体制对基层政府公共服务供给的影响

基层政府具有密切联系人民群众的优势,基层社会的良性发展对于达成重要政策目的、有效满足民生需求、促进地方快速发展等均有重要作用。现实中,部分地方基层政府受人员、经济条件、时间、精力等行政资源的限制,常会对相关行政事务依据轻重缓急的性质进行排序,并可能会导致基层政府工作重心泛化等现象。以基层政府中的乡镇政府为例,相关研究指出,乡镇是我国最基层的一级政权,在整个执政体系中处于基石的位置。国家的治理能力在很大程度上体现为乡镇政权的执政能力。乡镇是各项农村政策和方针的最后实施者,"上面千条线,下面一根针",中央和上级再好的政策举措、再好的想法,都要通过乡镇基层政权来落实。乡镇政府权责不对等、小马拉大车的现象是农村工作中特别需要反省并加以改进的地方。[②] 由

---

① 张彦华.网络视频行业的利益分配风险及其治理策略:基于传播政治经济学的分析视角[J].编辑之友,2022(9):61-70.

② 洪江.农村管理真问题[M].广州:广东人民出版社,2014.

此研究可知,包括乡镇政府在内的基层政府,常会受我国"条块分割"体系的影响,从而使得基层政府自身出现权责不对等、工作事务琐碎等现象。

在传统社会语境中,部分基层政府可以采取相对同质化、简单化的方式来应对传统治理领域中的相关风险,且基层政府有限的人力、经济等资源也可以在某种程度上满足上级行政机构较为关注的重点事务或中心工作。然而,基层社会治理生态已经发生较大变化,且在社会运行节奏明显加快的情况下,行政资源等因素受限的部分基层政府可能会遇到更多的挑战。特别是在行政绩效考评、责任追究制度日益完善及公众需求日益多样化的情况下,多项工作均可能会被升格为中心工作,而此公共事务格局也将使部分基层政府陷入工作强度更大、工作人员更为忙碌的局面之中。此种情况,可能会增加部分基层政府及其工作人员的工作强度,使基层政府工作人员因为疲于应对各种事务而消磨了工作积极性,从而使基层公共服务供给变得更为被动,相关公共服务产品的供给效能也会被相对削弱。

在新的社会生态背景下,基层政府公共服务供给质量的提升不仅需要采用更加人性化、弹性化、灵活性的治理策略,而且也会因为行政资源的优化配置更加强调公共服务供给的效能。尽管部分地方政府公共服务产品的供给目的在于公众幸福感的提升和社会整体福利的增加,但公共服务产品具体供给过程却可能会因对基层社会复杂性的忽视、执行政策不够灵活、脱离部分公众实际需求等因素而导致诸多问题。

1.3.2.1 给基层政府公共服务供给带来隐患

行政绩效考评和压力型体制容易为基层政府公共服务供给留下隐患。具体而言,行政级别较高的上级政府机构为了更好地推动相关公共政策的落实,常会制定较为严格的绩效考评标准。当此绩效考评标准分解为可以具体量化的考评指标时,不仅使基层政府工作人员对相关公共事务的轻重缓急顺序有了更为清晰的认识,使注意力资源集中到能够为基层政府工作带来更大效益的相关领域,而且上级行政机构也可以凭借此绩效考评系统获得对部分基层政府机构更为强大的支配力。从此种角度来看,这种绩效考评系统构成了压力型体制的基础。

相关研究指出,在压力型体制下,上级政府往往会按照自己的意志来确定下级政府部门的工作目标;基层政府为了完成上级下达的各项任务和目标,会把这些任务和目标层层量化分解,下派给下级组织和个人,责令下级组织和个人在规定的时间内完成,然后根据完成的情况进行政治和经济方面的奖惩。[1] 此种压力型体制能够促使部分基层政府在较短时间内以有限的行政资源来完成相关政策目标,但也会给相关基层政府工作人员带来较强的任务压力。由于此种任务压力直接关系到基层政府工作人员个人绩效考评结果,故部分基层政府工作人员会优先基于自身利益偏好来安排相关公共服务产品的供给等公共事务进程。基层政府工作人员应对公众个性化、差异化、多样化的情感诉求和利益表达的时间、精力、资源相对有限,对相关耗时费力的深层次、敏感问题的挖掘与有效回应也会因缺乏效率、风险较高而被直接或间接地忽略或放弃。换言之,在压力型体制的作用下,部分基层政府工作人员常在较大的任务压力下工作,并可能会出于对绩效的过度追求和受上级政府直接压力的影响,对能够快速达成目标且风险较小的相关路径有更大的偏好。

在结果导向的考评体系下,尽管上级政府重视的核心工作能够通过指标量化、细化、分解等方式得以扩大影响力,但结果导向的考评体系同样会使得部分基层政府及其工作人员受行政资源等因素限制,无法充分顾及在绩效考评指标体系中权重较小的指标或没有被纳入量化的指标,以及难以被量化或可以模糊处理的指标。由于公共服务供给的质量与个人选择密切相关,故部分基层政府及其工作人员可能无法充分考量不同用户群体的差异化情感或利益诉求,对于耗费更多时间、精力等柔性手段来解决问题的积极性也可能不会太高。换言之,部分基层工作人员基于"经济人"的考量,习惯于依靠科层力量和行政权威,甚至是计划经济时期的一些做法来完成行政任务。[2] 他们可能会倾向于选择投入资源最少且产出效率最高的关键领域,而对于公众需求的其他相关公共产品和服务的供给缺乏积极性,从而使得辖区的公共服务供给出现局部失灵的状态。

1.3.2.2 对基层政府公共服务供给水平产生影响

压力型体制容易强化基层政府工作人员执行任务的惯性思维,进而可

---

[1] 韩艳丽,苗俊玲.国家治理现代化中基层政府软执行力提升研究[J].学术交流,2022(10):36-52.
[2] 王诗宗,杨帆.基层政策执行中的调适性社会动员:行政控制与多元参与[J].中国社会科学,2018(11):135-155,205-206.

能会对当地基层政府公共服务供给水平产生影响。具体而言，压力型体制下的绩效考评方式，容易使部分基层政府工作人员长期面对自上而下的各种压力。在此常态化语境中，部分基层工作人员容易形成仅对上级行政机构负责的惯性思维，可能会忽略对其他基层社会问题的深刻洞察。在此情况下，来自基层的一些新型问题或群众的生活需求可能不会顺利地被发现、采集并吸纳进入政治生活系统，从而削弱了相关公共服务产品供给的科学性，缩小了公共服务产品的适用范围，降低了相关政策目标达成的效率。

另外，此种由上至下的压力传导也会产生由下至上的权力上行负责形态，并可能会诱发或强化部分公共管理人员传统的单向权力认知观念。在此情况下，部分基层公共管理人员可能会设法在自己的权限范围内以直接或间接的命令、指挥方式来彰显自身权威，对其他相关主体的诉求缺乏充分尊重，进而可能会加剧"微权力"导致的"微腐败"现象。由于部分地区仍然存在着某种程度的"圈子文化"的差序格局生态，故上述行为也会因隐蔽而不容易被发现。上述不当行为容易强化部分基层公共管理人员将公共权力或公共服务产品视为个人资源的错觉。部分基层公共管理人员的私欲对于公共利益的遮蔽也将会侵蚀相关公共服务产品供给的效能。

由于绩效考评会涉及相关行政主体的风险责任确定问题，故部分基层政府工作人员可能会基于行政风险规避等考量，依据固有的惯性规章制度来进行相关操作，并试图采用程序化、制度化的处理方式来规避可能会产生的失误。由于基层政府治理生态的变化及由此导致的问题的复杂化，部分地区常会出现一些新情况。面对新任务带来的新挑战，部分基层政府工作人员习以为常的惯性思维和常规处理办法可能会无法有效应对新风险，从而使基层公共服务供给因脱离实际情况而陷入低效运作之中，容易加剧公众对基层政府工作人员的抵触情绪。因此，当部分基层政府工作人员无法通过正常的权力流动和制度调适来获得足够的与相关任务相互匹配的资源时，常常会通过与上级行政关系网络中的各种非正式互动来设法弥补相关差距，进而试图通过强化自身嵌入该"差序格局"权力网络的密切程度来换取相关的绩效裁量的模糊空间。然而，此种行为可能会增加公共权力的监督成本，并滋生基层公共权力运作的不良导向，进而可能会削弱相关公共服务供给的良性发展进程。

1.3.3 公共服务供给中的情感嵌入因素对基层政府公共服务质量的影响

1.3.3.1 "硬执行"对基层政府公共服务供给质量的影响

作为公共产品用户的公众,虽然可能受行政式"命令"的强制性而选择低效率的配合,但却可能会埋下隐患,由此导致诸多不确定性。例如,行政手段能够凭借政府权威来快速达成某种公共政策目标,但行政手段虽具有硬执行、见效快等特点,却容易忽略被执行客体的情感等因素。相关研究表明,当前我国部分基层政府的"硬执行",呈现出的更多的是硬生生和冷冰冰的执行形式,缺乏亲和力和情感温度。这种"硬执行"忽视了基层公众的情感需求和感受,容易使基层公众出现不理解、不满、冷漠、抱怨或者抵触等情感反应,甚至有时会激发社会矛盾和冲突,进而造成基层政府与基层公众之间关系的紧张。[①]

由此研究可知,包括基层公共服务供给在内的诸多公共政策的制定、执行的初衷在于尊重和保障广大人民群众的正当利益,而基层政府在公共服务供给中扮演着中介的角色。通过此种公共服务需求、供给的互动过程,公众与政府机构之间的关系得以进一步强化,双方的情感联系与政治认同也会通过各种正式、非正式的渠道被丰富和提升。然而,部分基层政府过于依赖行政措施等"硬执行"手段,不仅使国家政策之中蕴含的民生关怀和情感交流属性被遮蔽,打击了公众通过政治参与合理表达诉求的积极性,削弱了相关政府机构将部分优质民意纳入公共政策进程的可能性,而且容易使部分公众加深对相关公共政策的误解程度,进而使得政府形象被扭曲、公信力被削弱,导致相关国家政治安全隐患。由于政治安全关乎国家长治久安和人民安居乐业,在国家安全体系中占据根本性地位,是保障其他领域安全的前提[②],故上述问题的出现也可能会诱发诸多国家安全隐患。

1.3.3.2 "软执行"对基层政府公共服务供给质量的影响

当具有"硬执行"特征的行政措施被频繁使用时,行政措施所涉及领域

---

① 韩艳丽,苗俊玲.国家治理现代化中基层政府软执行力提升研究[J].学术交流,2022(10):36-52.
② 张彦华,徐帆.人工智能影响政治安全的逻辑及其风险治理:基于传播政治经济学的分析[J].社会科学战线,2022(12):196-205.

的情感等"软"因素的受重视程度可能会被削弱,在基层政府公共服务供给过程中建构的政府与公众之间的联系也会变得脆弱。相关研究指出,在网络社群中占据主要地位的公众,往往嵌于所归属的庞大群体中并获得由此人数规模及所代表的多数民意支持的正当性优势,亦通常认为占据主要地位的公众所处的"我者"共同体代表广大人民的意志。故国家所提供的一切公共产品均应以占据主要地位的公众的利益诉求为依归。[①] 由此研究可知,尽管公众的意见表达和利益诉求之间具有较为浓厚的情感属性,但是部分基层政府的现实运作常可能使其事与愿违。

一直以来,公共管理研究在理解和解释行政行动时,较为侧重行政行动的理性尤其是工具理性,注重阐释行政行动理性化管理的目标与手段。情感维度在公共管理研究中是相对缺位的,即使存在,情感也通常被视为"反理性的""未被理性化的""非正式的",亟待理性化改进的朴素状态。在科层制的制度设计中,行政行动是严格按照行政规则和书面文件等理性化设计的,而情感则没有相应的位置。[②] 由此研究可知,压力型体制作为公共管理制度设计的重要构成部分,可能会在某种程度上忽略对情感相关要素重要性的探讨。

但是,现实社会生活中,多个领域却存在着政治与情感紧密关联的现象。例如,为什么公众会吐槽个别基层公务员没有微笑服务?如果按照科层制的就事论事逻辑,公务员只要把公众所申请的事务办好即可,为什么却被期待微笑服务?[③] 此种现象在较大程度上表明,在我国悠久的历史文化传统中蕴含的关于道德、情理等方面的要素已经深深地嵌入社会生活体系和基层政治生活系统,且已经成为国家治理合法性、正当性的重要情感源泉。基层政府公共服务工作应克服压力型政府的种种弊端,以契合用户群体物质需求和情感期待的方式来提供相关产品和服务,并以情感的韧性来缓和各种社会矛盾所引发的张力。换言之,基层政府公共服务供给应将情感规则要素纳入该领域相关公共事务的运作过程,才更容易使自身提供的"硬"的公共产品和服务得到公众的认可,进而使自身运作获得自发、自觉的支

---

① 张彦华,崔小燕.网络社群民粹主义话语的风险溢出及其智慧治理研究[J].海南大学学报(人文社会科学版),2021,39(3):149-157.
② 王雨磊.缘情治理:扶贫送温暖中的情感秩序[J].中国行政管理,2018(5):96-101.
③ 同②.

持。在基层政府与公众的良性互动过程中,基层政府政治权力运作的合法性、正当性才能够不断被丰富、强化,而包括公共服务供给等在内的社会治理目标才能够有更加深厚的群众基础,也才能够更容易地实现。

1.4 探索基层政府公共服务供给能力的不同角度

基层社会治理的重要性日益凸显,部分基层政府应主动适应已经变化了的时代生态场景和公众的新需求,对自身将要面对的新问题要有清醒而深刻的认识,并以结构改革等方式主动迎接新发展形势下的多维挑战,以公共服务供给能力的持续提质升级来推动基层社会的有序发展。受历史发展、地理条件、制度规范等多元因素制约,我国不同地区基层政府的执政场景各有特点。同时,由于我国社会内部发展和外部环境均处于动态演变之中,基层政府在不同阶段面临的任务、形势均有所差异,基层政府公共服务能力构成体现出不同的要素和状态。在此情况下,不同基层政府公共服务供给的现状往往是顶层设计与地方需求交互作用的结果。故,部分基层政府应对所辖场域的特殊性有充分的把握,并在契合国家顶层设计的基础上,通过多元利益主体的关系协调、资源有效配置等方式,探索建构场景化、特色化的治理模式,以及契合国家需求和地方发展的公共服务供给模式,来整体推动我国基层公共服务供给场域的善治进程。

公共选择理论认为,人类社会由两个市场组成,一个是经济市场,另一个是政治市场。经济市场上活动的主体是消费者(需求者)和厂商(生产者);政治市场上活动的主体是选民、利益集团和政治家、官员。在经济市场上,人们通过货币来选择能给自己带来最大满足的私人物品;在政治市场上,人们通过民主选举来选择能给自己带来最大利益的政治家,以及政策法案和法律制度。前一类行为是经济决策,后一类行为是政治决策,这是个人在社会生活中最重要的两类决策。西方主流经济学者主要研究市场上的供求行为及其相应的经济决策,而把政治决策视为经济决策的外在既定因素。在西方传统经济学中,个人在经济市场中的决策和在政治市场中的决策,基于两种完全不同的假定:在经济市场上,个人受利己心支配追求自身利益最大化;在政治市场上,个人的动机则超越了个人利益,是利他主义的。在经济市场和政治市场上活动的是同样的人,没有理由认为同一个人由于场所不同就以完全不同的动机进行活动。①

由此阐述可知,公共选择理论打破了政治学与经济学之间相对封闭的壁垒,并将经济学领域对市场价值的讨论延伸到政治价值之中,将经济学相关理论纳入政治科学研究领域。公共选择理论认为处于政治权力系统的政府官员同样可能会受经济因素影响,并基于"经济人"的选择来从事相关公共管理活动。相关公共管理人员可能从各种关系交往、信息流动和能量交互中来寻求自身获益的机会,对自身的政治权力、社会地位、社会名誉等要素进行权衡,并会根据"成本-效益"分析作出相关个人利益最大化的选择。此种情况的存在,意味着部分具有"经济人"属性的自然人或组织机构,虽然在形式上是政治权力系统的代言人,但是他们在具体代理过程中可能会受到国家规制不健全等原因限制,为了私人利益而选择伤害委托人利益。从此种角度来看,政治权力系统的运作和相关公共服务供给过程,同样可能会存在某种缺陷。

公共选择理论指出,制度环境是一种把市场和政治混合在一起,相互交叉,相互冲突,关系极为复杂的网络环境。造成这一复杂环境的一个重要原因是政策过程触动且纠缠着许多冲突对抗的利益关系。② 由此阐述可知,在社会形态急剧变迁、社会问题多元而复杂的转型期,我国部分地方政府的公共政策供给等公共产品和服务的提供过程,不仅会广泛涉及不同类型的用户群体、政党、公共管理人员与利益集团等对象,而且可能会涉及不同利益主体目标的冲突,且可能会对相关领域的公共服务产品供给产生影响。

1.4.1 基层政府公共管理人员的行为异化对该地区公共服务供给的影响

基层政府公共管理人员根据公众的委托来管理相关公共事务,故基层政府公共管理人员实质上具有代理人的属性。作为代理人,部分基层政府公共管理人员理应以公共利益最大化的原则来从事相关公共事务活动。然而,相关基层政府公共管理人员同时又具有"经济人"的属性,此种属性也驱动其以私人利益最大化为行动偏好,并可能会由此诱发功利主义。功利主义多以利己、实用和非奉献为主要特征,将自身的努力建立在足够多回报的

---

① 郭敏.公共管理理论与城市服务创新[M].长春:吉林出版集团股份有限公司,2020.
② 谢罗奇.市场失灵与政府治理:政府经济职能与行为研究[M].长沙:湖南人民出版社,2005.

基础上，并以实现行为者自身利益最大化为主要目标。① 在代理人与"经济人"属性的冲突中，部分基层政府公共管理人员的工作目标、原则和具体行为可能会出现道德风险、逆向选择的机会主义行为，进而使公共利益受损。在此情况下，尽管健全的制度规范能够对上述机会主义行为偏好进行规范、引导，但若该行为产生的收益会大于所付出的成本，则此不良行为则难以避免，部分基层政府公共管理人员的行为偏好会偏离基层社会公共利益最大化的目标，进而导致部分基层政府公共管理人员行为的异化并削弱公共服务产品供给的总量。

不同地区基层社会需求的公共服务产品数量虽有差异，但该地区相关公共服务产品的供给总量应基本达到与需求侧的需求总量相互平衡的状态。如果相关地区基层政府能够提供的公共服务产品总量不能满足该地区公众的正常需求，则意味着该基层政府需要提高相关公共服务供给能力；反之亦然。相关研究表明，在特定地区的特定发展阶段，社会成员对公共产品的需求客观上存在着一个最佳需要量，超过这一最佳需求量，公共服务产品供给总量进一步增加，并不意味着政府公共服务能力增强，而是意味着政府公共服务能力在弱化。② 由此研究可知，在相关地区的某个特定时间段，基层政府公共服务产品供给数量的过剩，并非意味着基层政府公共服务能力会持续提升，而是意味着该基层政府的相关能力在某种程度上会下降。这是因为相关基层政府能够得到的行政资源在某个时间段或特殊地域处于相对有限状态，某个领域公共服务产品供给数量的增加则意味着其他领域公共服务产品供给数量的不足；同时，部分基层政府公共服务产品供给的递增，意味着基层政府需要从本辖区或其他地方政府来获得足额税收等相关行政资源，故可能会引发相关地方"经济人"的反感并降低社会福利水平。从此种角度来看，某个基层政府公共服务效益的最大化应以该地方公众公共利益最大化为评价标准，进而实现相关公共资源最大化的边际效用。

另外，基层政府公共服务产品的供给质量，会受到该地区相关公共服务产品结构类型等方面的限制。具体而言，当某个地方的公共服务产品供给

---

① 张彦华.网络视频平台与用户群体之间的利益平衡机制研究：基于传播政治经济学的分析视角[J].编辑之友,2021(8):51-59.
② 王玉华,李森.基层政府公共服务能力研究：基于完善省以下财政体制的视角[M].北京：中国财政经济出版社,2010.

规模已经受基层政府行政资源的制约时,则该公共服务产品的性质、类型等方面的比例关系,可能会存在与公众对相关公共服务产品的需求结构不匹配的情况。针对此情况,公共选择理论明确指出,在目前已知的选举制度中,多数投票法则并不是最佳的,因为它不考虑个人偏好的强度。因此,这种多数制实际上对政治权力的分配极不平均,只有利于积极性最高和组织最好的少数人。① 由此理论可知,部分地区的选举制度虽然具有形式上的公平和民主属性,但是却不能对所有通过此种形式来参与某种集体选择的个体形成有效激励,而不同个体对于公共服务产品的需求程度也不容易得到有效体现。故选举制度中的多数投票法则并不能很好地反映参与集体选择的实际偏好图景,也不利于通过此种形式来快速达成某种公共服务产品供给方面的公共决策。

与此同时,基层社会生态的持续变化和不同用户群体的崛起,增加了不同利益主体对于相关公共服务产品的差异化偏好,使得相关基层政府难以对自己下辖地区的公众需求予以有效、精准把握。公共服务产品的市场运作常会存在失灵风险,市场经济对公共服务产品的价格传递可能会失真,故基层政府难以通过此种带有缺陷的信息传递渠道来把握公众对公共服务产品的真实需求情况,且基层政府通过此种有瑕疵的信息资讯作出的相关决策也会存在政治失灵的风险。由此导致的公共服务产品供给与公众的真实需求之间的矛盾,将可能会导致该领域相关公共事务运作的效率低下。

当然,部分基层政府公共管理人员可能会受"经济人"思维影响,优先选择能够与其行政任期相契合的短期内能够有所成就的公共服务产品,以试图及时彰显自身的政绩并加重自己的晋升砝码。与此同时,那些时间周期长且结果存在不确定性的公共服务产品的供给,则难以进入部分基层政府领导的关注范围,而该地方相关公共服务产品的供给机构也可能会受到影响。

1.4.2 基层政府公共资源的供给方式对该地区公共服务供给效能的影响

诺贝尔经济学奖获得者美国经济学家斯蒂格利茨认为,垄断条件下的任何组织都可能导致低效率;政府作为一种自然垄断性组织,由于其行为的

---

① 付春光.国外经济学的理论与实践[M].广州:中山大学出版社,2005.

垄断性,公民只能被动地接受指定机构的服务,政府也就失去了自我变革和提供更好服务的动力,故只有引入创新、激励和竞争精神,才能提高效率;政府创新的动力只能是来自政府的外部,即政府外部行政环境的变化,这使得政府不得不改变自身行为方式以适应这种变化。[①] 对于基层政府而言,能够影响其的最大变化,莫过于市场经济的运作和社会信息化进程。其中,市场经济作为基层社会资源优化配置的重要手段,会驱动不同的市场主体以提高对资源的使用效率从而提升自身的市场竞争力,故有效的市场经济运作有利于相关社会资源利用效率的最大化。然而,由于政府在某种程度上属于自然垄断性组织,故尽管政府具有不同职能部门、不同类型公共管理人员来向基层社会提供相关公共产品和服务,但处于相关政治生活系统重要位置的政府机构仍占据某种垄断地位。政府机构具有的垄断地位可能会导致相关领域公共服务供给效率低下。

在自然垄断性组织中,高层政府常会对数量众多的下级政府进行监督、指导,但也可能因为行政资源限制导致对部分基层政府的监督不充分或存在其他局限性。例如,高层政府对于部分基层政府提供的公共产品和服务并没有亲自"消费",故常缺乏具体使用时可以对这些公共产品和服务进行直观感知、评价的直接渠道。在此情况下,高层政府对于部分基层政府供给的相关公共产品和服务的具体数量、质量等供给效能缺乏有效把握的渠道,而他们通过基层政府提供的相关数据信息也可能是后者选择性"包装"、选择性供给的过程。在此过程中,部分基层政府工作人员对相关关键、真实信息的隐瞒,可能导致上级政府对基层政府公共服务供给客观情况的认知、评价不足,由此进行的监督、规范、引导过程可能会失真、失灵,故部分基层政府公共服务供给的效率也就可能无从谈起。

不仅如此,对公共产品来说,天然没有价格和利润指标来衡量其资源配置过程效率的高低,这也在一定程度上不利于提高公共产品供给过程中的资源配置效率。公共产品利益的获取和成本分担过程的分离,一方面使得社会成本不便于通过二者的直接比较来判断政府效率的高低,另一方面会使社会成员产生免费享用公共产品的错觉而弱化监督制约政府提高效率的

[①] 徐晓林,杨兰蓉.电子政务[M].2版.北京:科学出版社,2016.

积极性。[①] 在此公共产品上述特性的制约下,部分基层政府的公共服务供给可能会得不到有效监督,并导致部分基层公共管理人员的行为出现异化的概率增大,而该地区的公共服务供给也会受影响缺乏效率。当然,上述特性也容易隐藏部分基层政府公共管理人员的权力寻租等腐败行为,可能会加剧部分基层政府公共管理人员因道德风险、逆向选择而产生的不确定性,并会造成对基层社会公共利益最大化原则的偏离或背离,进而加剧公共服务供给的风险,削弱基层政府的公共服务供给能力。

1.4.3 制度规范对基层政府公共服务供给效率的影响

在社会交往中,利益主体会通过不断学习来优化自己与他人合作的策略,并在互相熟悉的情况下试图达到分担成本、提高收益的目的。在公共产品领域,不同主体之间通过彼此合作来形成合作剩余或合作收益的公共产品供给方式,这在某种程度上构成了初级公共产品供给制度。当此种社会规则逐渐演变为某种社会惯例时,就可能会被越来越多的利益主体遵循,并成为约束或引导利益主体认知、行为的重要制度规范。在早期相对简单的传统社会中,不同主体在某个领域进行重复合作时,尽管可能有个别主体可以通过欺骗等不良行为来获益,但此举也会降低该主体的声誉资本。这是因为,声誉激励机制的运作呈现出较为鲜明的信号传递逻辑和资源富集逻辑[②];声誉资本的保值和增值逻辑以及网络社群行为规范正向激励与反向惩罚逻辑的相互激荡,共同构建并影响了各社群主体价值偏好与话语体系的演变进程[③],故该社会生活网络系统会将不良行为者通过驱逐出相关交易网络等方式来予以惩罚。在此演化博弈产生的社会压力系统中,个体的行为偏好将在较大程度上被修正,而多数利益主体将采取能够长期获益的策略开展社会交往活动,其所遵守并践行的规则便逐渐成为社会制度的雏形。

在上述示范效应下,多数社会成员可能会通过互相合作等方式来共同

[①] 王玉华,李森.基层政府公共服务能力研究:基于完善省以下财政体制的视角[M].北京:中国财政经济出版社,2010.

[②] 张彦华.网络社群声誉激励机制对公共决策的影响及治理[J].社会科学辑刊,2020(6):88-97.

[③] 张彦华,崔小燕.网络社群行为规范对公共政策的影响及其风险治理:基于传播政治经济学的分析视角[J].青海社会科学,2021(6):62-70.

分担相关成本,并会以协议、契约等方式固定下来,此种协议、契约便成为早期公共产品供给制度的雏形。在此基础上,公共产品供给制度逐渐实现了纵向和横向层次的多维扩张。例如,当某个领域的准公共产品供给达成了某种成本分担契约时,新的主体也会有尝试加入并享受相关收益的冲动。基于公共服务自身具有的公共产品属性,新成员的加入会分担此公共服务产品的成本,但却没有伤害原来成员的收益。因此,在该公共服务产品产生拥挤效应之前,该领域内新成员的加入会降低每个成员主体需要承担的成本,而由此合作方式产生的价值也会持续增加。当然,对于具有纯公共产品属性的某些公共服务而言,其制度权力会通过上述过程而产生更大的影响力,并会在多个社会领域得以扩张。

当足够多的人因此而受益且相关公共产品供给的数量达到某种规模时,为降低成本并获得更大的合作收益,便会产生对不同领域的公共服务产品进行分类、专业化管理的需求,而部分社会成员则被委派来对相关公共服务领域进行专业化管理,且此类专业人员会逐渐加入并成为社会领域中的某个政府组织中的一员,并会依据某种制度规范来运作。从此种角度来看,某些政府机构的形成本身便具有降低公共服务产品交易成本的社会需求。当然,相关制度规范会根据社会生态、公众需求等方面的变化而进行针对性的调整,其实质是人们在遵循"投入-效益"的原则下而对降低交易成本、提升合作收益的市场效率进行选择的外在表现。

在我国公共服务供给体系中,由基层政府来提供占据公共服务产品供给总量较大比例的相关产品和服务,符合社会经济系统运行时追求的效率原则。相关研究指出,我国幅员辽阔、人口众多、历史悠久,区域差异很大,复杂的自然情况决定了我国国内所进行的经济体制改革是一个非常复杂和艰难的过程。[①] 我国各地的差异较大,契合不同地区公众需求的公共服务产品类型、数量、质量也会有较大差异。基于效率原则和尊重公众切实需求的考量,当因某个公共服务产品的供给而受益的范围没有超越某个基层政府的管辖范围时,则相关公共服务产品应该由该基层政府提供;当因某个公共服务产品的供给受益范围超越了某个基层政府的管辖范围时,则理应根据该受益范围所覆盖的相应层级的上级政府提供。由于我国基层政府覆盖领

---

① 李佐军,田惠敏.与改革同行Ⅲ:中国改革开放和伟大复兴[M].北京:中国经济出版社,2021.

域广且不同区域的基层政府的工作侧重点各有不同,故从此种角度来看,由地方政府来负责提供在公共服务产品中占据较大比例的地方性公共服务产品,以及由基层政府来负责供给地方政府需要提供的多数公共服务产品,也是较为契合效率原则的重要制度选择。进一步而言,基层政府公共服务产品供给的制度选择,应切实尊重社会运行的效率原则,进而探索并丰富此领域公共服务产品供给的善治之道。

1.5 不同类型的公共服务及与其契合的供给策略

社会成员对公共服务产品的消费过程,一般不会影响其他主体对此产品的消费额度,故公共服务产品具有供给的边际成本小、非竞争性、非排他性的公共产品属性,而此种特性也意味着公共服务产品具有公正性、普惠性等特征。依据公共服务产品的非竞争性、非排他性的特点,公共服务产品可归属到纯公共产品和准公共产品两种类型中。其中,对于法律制度等具有纯公共产品性质的公共服务类型而言,市场主体对纯公共产品的供给会存在投资不足等缺陷,而政府则可以利用自身权威性来实现该公共服务产品的有效供给,故纯公共产品的性质决定了政府应该承担纯公共服务产品供给的基本职能。在此情况下,基层政府理应在充分尊重中央政府权威及国家公共产品供给事权等因素的基础上,充分发挥接近公众需求等优势,以较高的效率来把握公众需求并提高相关公共服务产品的供给效能。相对而言,准公共产品具有部分非竞争性、非排他性等属性,并可能会因消费者过多而导致拥挤消费,使其非竞争性、非排他性消失,进而使相关公共服务产品的边际成本上升。针对此种产品类型,基层政府应秉持基于效率的供给原则,充分发挥包括市场在内的多主体供给优势,满足不同类型公众的多样化需求。

作为公共产品的重要组成部分,公共服务产品的类型较为多元。公共服务产品的多元意味着公共服务的供给主体也并非一成不变,故公共服务的内容具有因时而变的动态变化特性。在我国泛政治化的社会治理格局中,政府作为公共服务资源配置的关键主体,理应根据不同公共服务产品的特点,确定与公共服务产品相互契合的供给主体,并以协调、引导等功能的发挥来保持效率和公共利益之间的有效平衡。当然,部分公共服务的类型划分及资源供给具有复杂性、交叉性,故相关政府职能部门应厘清不同参与主体的责权范围。

由于中央政府和基层政府各自具有不同的政治优势,故基层政府应明确自身作为地方社会发展引导者、基层公共服务供给者的重要职能,以相关优质公共服务产品资源的汲取和优化配置来有效满足基层社会、民生的发展需求。同时,随着社会经济的快速发展和公众需求的不断提升,公众对公共服务的需求也会随之升级并会根据内外生态的变化而不断变化,且公共服务的内涵、外延也应随之调整。对于非政府组织而言,为了避免不切实际的期望和不满,增加和维持公众对组织的信任,一个非政府组织应该以一种尽可能融入现有结构的方式运作。在此情况下,基层政府机构应以公共资源配置为核心,系统审视由多种参与主体提供的产品、服务及其活动过程,并有效平衡不同地区、阶层、个体之间的利益诉求关系;应以基本型公共服务、准基本型公共服务、经营型公共服务等多样化的优质产品和服务,为公众提供具有公共性、普惠性、公平性特征的基本保障服务,并满足公众的正当权利,进而为公众的全面发展、社会和谐稳定和国家基层政治生活系统的正常运作提供基础的公平底线。当然,在此基础上,基层政府也应及时获取社会形势的敏感变化和公众生活需求的相关真实数据信息,适时动态优化调整相关公共服务的标准、范围,并以自身公共服务供给能力的提升来不断满足公众的正当需求,强化公共利益对于公共福利的哺育功能,快速积累社会资本并有效驱动基层社会的良性发展。

1.6 苏北地区基层政府公共服务供给

1.6.1 基层政府公共服务能力

随着社会的发展,公共服务的供给主体呈多元化发展态势,公共服务领域逐渐拓展,公共服务内容也更加丰富。公共服务在满足社会秩序运转和政治生活系统良性运作中扮演重要角色。作为公共服务供给的主导力量,政府应不断提升自身在纯公共产品服务、准公共产品服务等不同类型公共服务的显性和隐性的供给能力,有效调动并合理配置政府内外资源并为达成某种政治目标夯实基础。从此种角度来看,基层政府的公共服务供给能力是基层政府公共服务能力的主要表现之一。公共服务能力主要是指政府作为主要承担主体为社会提供公共产品和服务，不断满足人民群众日益增长的社会需求的本领和力量。① 由此阐述可知，政府公共服务能力的有效发挥，常建立在政府组织和其他非政府组织在公共服务领域有效协同的基础上，进而以互补性的努力来弥补政府、市场等主体各自的缺陷，并为公众提供优质而充裕的公共服务。此种公共服务供给模式，不仅可以减轻基层政府的部分负担，使基层政府有更多的行政资源去应对其他方面的严峻挑战，而且可以充分发挥其他社会主体的积极性，因而有利于激发基层社会活力，细化公共服务的类型，提升公共服务的质量。

一般而言，基层政府公共服务能力涵盖资源配置能力、政策标准的制定能力和执行能力、服务供给能力等方面。由于解决社会问题的相关研究具有围绕以用户为中心的特征，因此需要引入以可用性评估为中心的绩效管理系统②。故，基层政府的运作应基于"用户"——人民群众为中心，在"投入-产出"的效益分析中提升基层政府部门的资源配置等能力，并进而以基层政府绩效的提升来增加社会福利。其中，资源配置能力是指基层政府机构依法获得社会各界相关资源，通过多种手段对资源进行优化配置，并试图达到效能最大化的能力。政策标准的制定能力和执行能力是指基层政府应在法律制度赋予的权责范围内，根据自身的实际情况把握政策环境、有效发掘和匹配群众需求，合理执行国家相关政策法规的能力。由于此种能力直接关系到基层政府公共服务供给目标的科学性、合理性，故政策标准的制定和执行能力是基层政府有效履行公共服务职责的重要前提。服务供给能力是指基层政府将相关公共服务资源投入予以转化，使公共服务资源在数量、渠道、质量等方面均能够有效满足人民群众对于基层公共服务需求的能力。当然，由于社会经济发展和政治生活系统具有动态性，故基层政府还应具备自我学习和持续成长的能力，进而驱动相关公共服务产品的不断提质升级。

---

① 龙立军.西部地区贫困县政府公共服务能力研究[M].北京:新华出版社,2020.
② JO I H,LEE M Y,YOON Y J. A study on the framework of public service development for social problem solving: focused on the performance management system of governmental social problem-solving R&D projects[J]. Journal of korea service management society,2019,20(3):191-209.

1.6.2 苏北地区基层政府公共服务能力

基层政府是国家与社会、中央与基层之间的关键连接点,也是多元问题产生的渊薮和各种矛盾、挑战的交汇之处。因此,基层政府的公共服务供给能力对国家和社会发展、中央和基层的协调等公共事务具有重要影响。以苏北地区为例,该地区的经济发展程度虽然相对发达,但由于历史发展、自然条件等因素的制约,在农业、工业等部分领域相对江苏省南部地区较弱。以在苏北地区具有重要影响力的淮海经济区为例,该地区是资源型城市集中区域,也是我国城乡矛盾较为突出的地区。

苏北地区地处淮海经济区的核心发展区,一方面随着区域经济的迅速崛起,苏北地区的发展状态受到城镇扩张效应的影响剧烈变化,区内城乡关系的演变具有较强区域代表性;另一方面随着城镇化进程加速,乡村要素不断流向城市地区,导致乡村空心化、民房及基础设施建设严重滞后、城乡非均衡性发展等阶段性问题。[①] 因此,苏北地区基层政府的公共服务能力不仅具有其他类型基层政府公共服务能力的共同特性,而且受所在地区社会、经济、文化等因素影响,在公共服务供给等方面存在某种特殊性和复杂性。

作为基层政府的重要职能,公共服务供给水平直接体现出基层政府职能的履行水平,但公共服务供给水平也会受到所在地区地理环境、社会经济发展阶段等因素的制约。针对此种情况,苏北地区基层政府应在法律制度赋予的职权范围内,结合本地自然环境、社会经济发展水平等特征,充分感知并及时获取公众需求的相关信息,以此作为公共政策执行等公共服务供给的重要来源;应通过组织机构调整、业务流程再造等方式,为相关公共服务能力的提升提供系统化的支持,使基层政府能够充分调动不同系统、领域之间的资源,进而提升该领域业务人员的资源配置、危机公关、组织建设、政策执行等专业素养,并有效满足公众的需求;应充分调动本地区的相关资源,凸显基层政府在基础性公共服务供给方面的能力,使基层政府提供的服务内容更加契合本地社会发展所需的农业、工业部分领域的发展需要,解决

[①] 何杰,金晓斌,梁鑫源,等.城乡融合背景下淮海经济区乡村发展潜力:以苏北地区为例[J].自然资源学报,2020,35(8):1940-1957.

公众真正关心的现实问题,为公众的正当、合法权益提供充分保障,以自身公共服务供给能力的持续提升来优化相关资源的配置水平,提升公众的获得感和对政府的政治信任度。

在持续推进国家基层社会治理体系和治理能力现代化的战略背景之下,苏北地区基层政府公共服务供给效能提升体系的探索应是一种富有地区特色的"生发"过程。具体而言,基层政府治理现代化是国家治理现代化的重要构成部分,也是治国安邦的重要基础要素。苏北地区在江苏省社会经济发展中扮演着重要角色,也在全国社会经济发展中处于重要位置,故研究苏北地区基层政府公共服务水平具有重要时代价值。

1.6.3 研究意义

目前学界对公共服务能力的研究较多,但对于苏北地区基层政府公共服务供给的研究却相对较少,对基层政府公共服务供给特殊性的考虑也有待丰富。本书从公共管理学、政治学等学科视角切入,不仅有助于为苏北地区基层政府提升公共服务能力提供可借鉴的理论指导,而且可以从中挖掘出某种具有可迁移价值的普遍意义,可以为其他地区基层政府公共服务问题的解决提供理论参考并构成对基层政府治理理论的有益补充。换言之,本书以对苏北地区基层政府公共服务供给问题的针对性思考来为国家探索因地制宜的本土化、特色化政策创新试验提供参考,不仅有助于苏北地区基层政府以此为契机来优化政府职能、提升本地相关政府机构的公共服务供给能力,而且有助于满足新时代人民群众动态变化的多元需求,符合国家战略部署和地方社会经济发展需求。

由于人民群众的满意度是衡量基层政府公共服务供给水平的重要指标,故本书借助实地走访、现场观察、案例分析、问卷调查等研究方法深入苏北地区部分基层政府一线,获取了关于该基层政府组织结构、制度规范、运行方式的第一手资料。本书聚焦我国苏北地区不同地域、不同背景下基层政府公共服务供给水平的差异性特征,吸纳了公共管理学、政治学等学科领域关于政府公共服务研究的最新成果。本书以苏北地区富有代表性、典型性和重要研究价值的徐州市、盐城市为重要切入口,并以徐州市贾汪区政府购买法律服务问题、盐城市盐都区公共文化服务供给问题为研究对象,对该地区基层政府公共服务供给侧、需求侧等相关领域展开系统研究，深入分析基层政府公共服务供给能力的运作机理，进而提出富有针对性、科学性的应对之策。因此，本书的研究内容不仅在学术研究上具有创新之处，而且可以切实践行群众路线，增进政民关系黏性，塑造政府良好形象，提升公众对政府的信任度，有助于持续丰富、完善具有中国本土化特色的基层政府善治之道。

Chapter 2
第 2 章

徐州市贾汪区政府购买法律服务问题研究

政府购买公共服务是公共服务供给方式的重要创新,法律服务是其中的重要内容之一。以徐州市贾汪区政府购买法律服务为案例进行深入剖析和研究,不仅有助于丰富该领域的理论架构,推进法治政府建设,而且可以通过对该领域的多维探索,有效回应社会公众的相关服务需求,推动多元主体的协商合作与良性互动,进而为苏北地区基层政府优化公共服务供给提供善治之道。

2.1 问题的提出

2.1.1 研究背景与意义

2.1.1.1 研究背景

党的十八大以来,以习近平同志为核心的党中央围绕全面依法治国作出了一系列决策部署,形成了习近平总书记全面依法治国新理念新思想新战略,强调要坚持依法治国、依法执政、依法行政共同推进,坚持法治国家、法治政府、法治社会一体建设。在全面依法治国的大背景下,政府购买法律服务能够满足以下两个方面的现实需求。

一是满足法治政府建设的需求。法治政府建设是全面推进依法治国的重点任务和主体工程,是推进国家治理体系和治理能力现代化的重要支撑。中共中央、国务院印发的《法治政府建设实施纲要(2021—2025年)》明确指出,到2025年,政府行为全面纳入法治轨道,职责明确、依法行政的政府治理体系日益健全,为到2035年基本建成法治国家、法治政府、法治社会奠定坚实基础。以政府购买服务的方式聘请政府法律顾问,引导法律顾问在政府制定重大行政决策、推进依法行政的过程中发挥积极作用,有助于促进行政权力规范运行,为政府依法行政提供强有力的法律保障,对提高国家治理体系和治理能力现代化水平具有重要意义。

二是满足人民群众日益增长的公共法律服务需求。公共法律服务作为政府公共职能的重要组成部分,是全面依法治国的基础性、服务性和保障性工作。伴随我国社会主要矛盾的转化,人民群众对高品质法律服务的需求日益增长。在传统的供给模式下,公共法律服务依靠政府单一供给,供给能力有限、供给规模较小、法律服务资源配置不均衡等问题日益凸显。随着全面依法治国工作的深入推进,国家先后出台了一系列文件用以完善公共法律服务政策,保证人民群众享受更加便捷的法律服务,不断夯实依法治国的社会基础。通过政府购买服务的形式强化公共法律服务职能,组织动员律师等社会力量更多地参与公共法律服务,不仅能够满足群众多样化的法律服务需求,也有助于推进基本公共法律服务均衡发展。

2.1.1.2 研究意义

政府购买公共服务是公共服务供给方式的重要创新。在法律服务领域,我国一些城市在借鉴发达国家先进经验的基础上已陆续开展了政府购买法律服务的大胆尝试,但理论界对于该领域的研究相对滞后于实践。目前,政府购买法律服务的开展虽然取得了一定成效,但由于缺乏理论指导而带有一定的盲目性。本章围绕政府购买法律服务问题进行深入剖析和研究,有助于丰富该领域的理论架构,完善公共法律服务的理论体系,为深化政府购买法律服务的实践提供更多的理论依据。

近年来,贾汪区积极开展政府购买法律服务的探索,通过政府购买法律服务的方式发挥法律服务队伍的专业优势,在一定程度上提高了公共法律服务的供给能力和政府依法行政的水平,但同时也存在政府购买法律服务不规范、法律服务供给不充足和社会公众参与度低等现实问题。

围绕贾汪区政府购买法律服务存在的问题展开研究,一是有助于补齐贾汪区政府购买法律服务存在的短板和劣势,促进政府购买法律服务的实施更加规范合理,为政府依法行政提供更强有力的法律保障,推进法治政府建设;二是有助于提高公共法律服务的供给能力,回应社会公众的法律服务需求,增强人民群众共享全面依法治国的获得感、幸福感、安全感;三是有助于充分发挥律师等法律服务队伍的专业优势,不断提升法律服务队伍的服务质量和服务水平,推进法律服务市场健康发展。

2.1.2 国内外研究动态

2.1.2.1 国内文献综述

政府购买服务作为一种新型的公共服务供给形式,在我国虽然实践时间不长,但是发展十分迅速。我国的政府购买最初始于一些领域的新尝试,例如公共交通、公路路政管理服务购买等。法律服务领域的政府购买尝试最早始于深圳市。2009 年,深圳市政府率先探索了政府购买法律服务的新模式,通过组织开展采购法律服务公开招投标,经严格评定选出了 33 家律师事务所担任深圳市政府法律服务商,提供专业法律服务。① 同年,杭州市政府印发《市委办公厅 市政府办公厅关于开展"律师进社区"工作的实施意见》,进一步推动了公共法律服务的规范化、扩大化。伴随政府购买公共服务在实践层面的推进,国内学者对于政府购买公共服务的关注和研究逐渐增多。

关于政府购买公共服务的主体结构,王浦劬等认为,传统的公共服务供给模式为二元主体,如果将公共服务外包,公共服务的供给与生产环节则各自独立,政府购买的主体结构由二元主体转变为四元主体,即作为公共服务购买者的政府、作为公共服务生产者的社会组织、作为公共服务消费者的公众、作为公共服务评估者的第三方组织,四元主体及其互动关系,构成了政府向社会力量购买公共服务的主体结构。② 林民望构建了一个政府购买公共服务的整合性理论框架,该框架包括外部环境、驱动力、政府购买公共服务制度、影响效果、政策调整等多个维度。③

关于政府购买公共服务存在的现实问题,詹国彬认为,需求方缺陷和供给方缺陷是政府在购买公共服务时面临的最大挑战,政府应努力成为精明的买家,在公共服务购买中为公众做个好交易。④ 魏中龙等指出,我国政府购买公共服务存在政策法规不健全、实施程序不规范、信息披露制度不完善、监督评估管理不规范、主体关系不对等、社会组织力量薄弱依赖性强等问题。⑤ 周佑勇认为,政府购买公共服务一是缺少综合性立法,没有统一的操作规范标准;二是政府购买范围较为有限,货物类和工程类项目采购规模多年来稳定增长,而服务类采购规模的增长速度则相对缓慢。⑥ 句华依据政府购买公共服务的流程分析了政府购买公共服务四个方面的不足:一是项目决策环节,政府购买服务动力不足;二是项目设计环节,主观性较强,项目

---

① 马培贵,刘峰.深圳率先全国开创政府购买法律服务:33家律师事务所竞标成功入围法律服务供应[N].深圳特区报,2009-06-07(A01).
② 王浦劬,郝秋笛,等.政府向社会力量购买公共服务发展研究:基于中英经验的分析[M].北京:北京大学出版社,2016.
③ 林民望.政府购买公共服务:一个整合性分析框架[J].北京理工大学学报(社会科学版),2017,19(1):91-98.
④ 詹国彬.需求方缺陷、供给方缺陷与精明买家:政府购买公共服务的困境与破解之道[J].经济社会体制比较,2013(5):142-150.
⑤ 魏中龙,等.政府购买服务的理论与实践研究[M].北京:中国人民大学出版社,2014.
⑥ 周佑勇.公私合作语境下政府购买公共服务现存问题与制度完善[J].政治与法律,2015(12):90-99.

内容缺乏创新性;三是项目发包环节,竞争性不足;四是项目监管与评估环节,存在绩效标准不明确、监管机制不完善、政府或是第三方评估机构的能力及责任心欠缺、公众的缺位等问题,形成了监管无力、评估形式主义的局面。①

政府购买服务并不天然带来效率和公平,杨书胜对政府购买公共服务的内卷化现象进行了深入研究。要避免政府购买服务内卷化倾向的发生,一是基层政府要量力而行循序渐进;二是要尊重社会组织在法律上的独立地位和运行规律;三是要建立健全政府与市场、社会组织的制度化合作机制。②

关于政府购买法律服务内涵的界定,天津市司法局课题组认为,政府购买法律服务是政府按照法定程序和采购目录,利用财政资金,采取市场化、契约化方式,面向具有专业资质的法律服务组织购买法律服务的一项重要制度安排。③ 王东等认为,政府购买法律服务属于政府购买公共服务的范畴,政府购买法律服务的过程中主要包含两大主体,即购买主体和承接主体(供应商)。购买主体主要为行政机关和事业单位,承接主体主要为专业组织和机构。承接主体,不论是专业组织、事业单位还是个人,都应具备一定的专业资质条件。④

关于政府购买法律服务的现实困境,张鲁萍认为政府购买法律服务虽然在应然层面具有多重价值,但实然层面还面临购买动力不足、购买内容混乱、购买主体单一、购买程序不规范等诸多问题。⑤ 张怡歌从法治化视角分析了政府购买公共法律服务产生异化现象的具体表现和成因。异化现象具体表现为行政权力的主导、社会力量的依附性合作关系以及交易过程与考评的异化;异化现象困境的主要成因是"强政府、弱社会"格局尚未改变、完善成熟的市场体系尚未建立、法律自主性力量及社会组织发育迟缓、完备的法律法规缺乏等。⑥

---

① 句华.助推理论与政府购买公共服务政策创新[J].西南大学学报(社会科学版),2017,43(2):74-80.
② 杨书胜.政府购买服务内卷化倾向及成因分析[J].理论与改革,2015(3):127-129.
③ 天津市司法局课题组.政府购买法律服务研究[J].中国司法,2016(7):29-34.
④ 王东,韩雅童.我国政府购买法律服务制度的实践考察:构成要素、运行现状与优化路径[J].新疆财经大学学报,2018(4):62-69.
⑤ 张鲁萍.政府购买法律服务:正当性、困境与路径[J].求实,2018(3):58-68.
⑥ 张怡歌.政府购买公共法律服务的异化与法治化破解[J].法学杂志,2019,40(2):133-140.

关于政府购买法律服务的优化路径,杨凯等学者以完善质量考评标准作为切入点进行了深入研究。从成本核算的角度引入服务难度系数与服务质量系数,提出了政府购买公共法律服务定价的基本思路,实现了服务质量考评体系与定价体系的对接与契合。① 杨凯还进一步指出公共法律服务的监督评价要以新发展理念为指导,要把创新、协调、绿色、开放、共享的新发展理念贯穿到公共法律服务评价指标体系建构的各方面和评价程序制定的全过程。② 上述学者的观点为完善政府购买法律服务的质量考评标准提供了参考。

张怡歌认为,应坚持政府与社会的平衡之道,以法治化方式破解政府购买公共法律服务的异化现象,包括推进全能政府向有限政府转变、推进律师职业发展、培育社会的自主性、完善法律法规、明确购买制度设计等。③ 方世荣等指出,完善政府购买公共法律服务制度应当从拓展购买范围、强化政府诚信、规范行政优益权行使、健全承接方社会责任和纳入行政公益诉讼范围等方面展开。④ 宋方青等围绕公共法律服务的建构进行了中西方比较分析,基于国家制度、公民意识与法律服务市场存在的差异,我国公共法律服务的建构与发展呈现出与西方不同的样态。当前我国政府购买公共法律服务存在市场参与程度不足、多元主体共治模式有待完善的问题,应根据我国国情,充分发挥中国特色社会主义制度优势,鼓励多元主体参与,推进职能分工的精细化。⑤

随着大数据时代的来临,学者开始从大数据技术应用的角度研究如何助推政府购买公共服务。万如意认为,政府部门在采购过程中沉淀了海量数据和信息,但要真正做到政府数据开放共享,推动资源整合,首先要采取技术手段,克服数据化难题。⑥ 宁靓等构建了政府购买公共服务精准化的大数据应用模式理论模型,并对该模型实施的基本条件及可行性进行了深入剖析和解释。要实现政府购买公共服务精准化,需要强化运用大数据提升公共服务精准化意识、加强大数据相关基础设施建设、创新政府购买公共服

---

① 杨凯,郑振玉,王丽莎.论公共法律服务考评体系与定价体系的契合[J].法治论坛,2020(2):111-122.
② 杨凯.以新发展理念引领公共法律服务评价指标体系建构[J].中国党政干部论坛,2021(6):82-85.
③ 张怡歌.政府购买公共法律服务的异化与法治化破解[J].法学杂志,2019,40(2):133-140.
④ 方世荣,付鉴宇.论法治社会建设中的政府购买公共法律服务[J].云南社会科学,2021(3):124-133.
⑤ 宋方青,李书静.比较视野下的中国公共法律服务建构[J].人民论坛·学术前沿,2021(24):121-125.
⑥ 万如意.大数据分析在政府采购领域中的应用:数据、技术与案例[J].中国政府采购,2015(12):52-56.

务体制机制、加快信息安全标准体系建设、健全人才培训体系、确保智力支持等。①

2.1.2.2 国外文献综述

西方的政府购买公共服务开始于政府的市场化改革。随着市场化改革的推进,西方学者以大量的实践为基础,对政府购买服务开展了全方位的研究。

关于公共服务的供给多元化研究,有学者提出公共服务的供应和生产可以由不同的主体来提供。有学者指出公共服务的供给主体不仅是政府部门,也可以是私人。还有学者认为公共服务向市场外包可以降低供给成本,且已得到了学界的肯定。萨瓦斯进一步提出了公共服务的提供、安排和生产的概念,主张公共服务的提供者可以是政府部门、私人企业甚至是公民自己。萨瓦斯认为必须对政府角色进行界定,这是市场化改革的基础,应当对公共服务的具体细节作出安排。②

关于公共服务外包具体形式研究,彼得斯认为未来公共服务供给的发展方向是私人部门竞标,通过合同外包的方式提供服务。③ 有学者归纳了市场化改革的三种实现形式:一是用市场的手段配置公共资源;二是将企业管理经验用于政府部门管理;三是打破政府对公共服务的供给垄断,让公民自主选择服务的提供者。

关于公共服务外包过程中的政府责任研究,新公共管理理论主张将企业管理理念引入政府管理中。有学者认为,对于公共服务供给来说,政府应为公共服务提供政策支持和服务标准,充当"掌舵者",而不需要负责服务的生产;通过服务外包,由私人组织充当"划桨者";倡导通过各种方式丰富公共服务的供给主体。

新公共服务理论对新公共管理理论进行了批评和反思。新公共服务理论主要是指关于公共行政在以公民为中心的治理系统中所扮演的角色的一套理念。新公共服务理论认为,政府在公共服务提供过程中的职责是"服

---

① 宁靓,赵立波.政府购买公共服务精准化的大数据应用模式研究[J].山东大学学报(哲学社会科学版),2018(3):150-158.
② 萨瓦斯.民营化与公私部门的伙伴关系[M].周志忍,等译.修订版.北京:中国人民大学出版社,2017.
③ 彼得斯.政府未来的治理模式[M].吴爱明,夏宏图,译.北京:中国人民大学出版社,2001.

务,而不是掌舵",政府应当着重于协商和协调公民和社区团体的利益,营造共同的价值观,而不是充当催化剂来释放市场力量;政府应当与其他的参与者进行开诚布公的对话和协商,不应当是处于控制地位的掌舵者或划桨者,而应当是公共项目与公共资源的管理者、民主与公众参与的推动者及各方平等对话机会的创造者。①

公共物品多元供给理论将公共物品的供给看作公共部门对公共资源的重新配置。公共物品的供给曾经历了从政府单一部门供给到政府部门和市场的二元供给,后来又逐渐发展为政府部门、市场与非营利组织合作供给的三个阶段。无论是政府部门、市场还是非营利组织的单一供给都存在局限和失灵的情况,不能满足公众需求。公共物品多元供给理论主张政府、市场与非营利组织在公共服务和公共物品的供给方面进行多元合作。

关于政府购买公共服务的合理性认识研究,有学者认为要提高政府部门的运行效率和组织部门的绩效,应对政府部门的职能进行分类,对于非核心职能实施政府采购的方式,从而减轻政府的负担,让政府部门对核心业务的处理更加高效。有学者认为,政府购买公共服务作为市场化改革的手段和工具,公共服务外包的优势不仅可以有效缓解公共服务供给和需求的现实矛盾,而且可以降低公共服务的供给成本,为政府部门的公共服务供给模式提供榜样和激励,从而改善政府部门供给效率低下的困境。还有学者认为,政府购买公共服务与民营化改革的区别在于:民营化改革是指产权由政府转移至私人部门;政府购买公共服务是通过引入竞争机制提供更加物美价廉的公共服务,政府依然享有绩效考评监督和物质奖惩的权利,且有权对合同内容进行变更与控制。

关于政府购买公共服务范围界定的研究,有学者认为,除了传统的政府职能,其他所有的职能都可以纳入合同外包的范围,其中传统职能包括政策法规的制定、法律法规的执行、市场的监管及应急事件管理等。关于什么样的公共服务适合采用购买的方式来提供,有以下四个判断标准。一是能否对该公共服务的质量标准进行量化。如果该公共服务的质量比较容易被量化,则适合采用合同外包的形式委托私人部门提供。二是该公共服务的服

---

① 登哈特 J V,登哈特 R B.新公共服务:服务,而不是掌舵[M].丁煌,译.北京:中国人民大学出版社,2004.

务过程及结果是否可以被监督。如果易于监督且服务的质量和效果易识别与衡量,那么该公共服务适合采用合同外包的形式交由私人部门提供。三是该公共服务的交易成本高低:将该公共服务的交易成本划分为资产专用性、服务质量两个指标来衡量,交易成本高的公共服务更适宜政府部门内部生产,交易成本低的公共服务则更适宜委托私人部门提供,当然也需要具体问题具体分析。四是该公共服务对供给主体责任感的要求情况。对于服务责任感要求高的公共服务,例如监狱服务适合由政府部门提供;反之,对服务责任感要求低的公共服务,例如道路交通可以交由私人部门来提供。

关于提供公共服务的社会组织管理研究,有学者认为对社会组织应当进行分类管理,防控社会组织的准入门槛,鼓励社会组织参与公共服务供给;政府部门要改变行业协会的监管方式,由垂直管理转为指导监督,营造一个宽松的社会环境。有学者建议要对社会组织的信用进行动态管理,凡是损害公众利益的非法行为要进行坚决打击;通过多种渠道建立监督体系,营造社会组织发展的良好环境。

2.1.2.3 国内外文献评述

西方的政府购买公共服务始于政府市场化改革运动,伴随着市场化改革的深入推进,国外学者以大量的公共服务外包实践为基础,围绕政府购买服务开展了全方位、深入系统的研究。研究成果重点倾向于政府责任与国家责任分配,基于政府效率,防止权力滥用等价值导向,对购买服务的正当性、购买范围、政府部门的责任及承接主体的管理进行了深入探讨,对我国政府购买公共服务的实践和理论研究具有一定的借鉴意义。但是,西方国家与我国的国情不同,在社会制度、法治传统、公众法治信仰及法治化建设水平等诸多方面都存在现实差异,对于西方学者的研究成果和理论要有清晰理智的认识,进行批判性的借鉴和吸收,不可全盘接受和照搬国外的先进经验。

国内学者围绕政府购买公共服务的主体结构、运行机制、定价机制、正当性与否及存在问题进行了深入的研究并取得了一些研究成果。政府购买法律服务与政府购买公共服务相比,既有共性也有特殊性,除个别学者围绕政府购买法律服务的绩效评价、监督体系和现实困境等进行初步研究外,很多学者的研究重点多是围绕政府购买公共法律服务展开,并未从政府购买法律服务这个整体概念出发进行研究。政府购买法律服务仍处于探索阶段,目前学界的研究与国内的实践相比较为滞后,且研究内容更多集中于理论研究层面,理论与实践相结合的研究较少。

2.1.3 研究内容与方法

2.1.3.1 研究内容

第1节:提出问题。介绍本章的研究背景和意义,回顾和评述国内外关于政府购买法律服务的研究现状,概述本章的研究内容与方法、技术路线以及创新点。

第2节:界定核心概念并梳理阐述相关理论。对政府购买法律服务的相关概念进行详细阐释和辨析,运用公共服务多元供给理论、新公共服务理论和多中心治理理论对政府购买法律服务进行初步分析,为后续研究奠定理论基础。

第3节:介绍贾汪区政府购买法律服务的概况。从政府购买公共法律服务和政府购买履职所需辅助性法律服务两个部分入手,分别阐述贾汪区政府购买法律服务的实施现状和运行模式。由于政府购买法律服务的运行较为复杂,采用SWOT-PEST分析法对贾汪区政府购买法律服务运行影响因素进行定性分析,对贾汪区政府购买法律服务有一个全方位的认识。

第4节:归纳贾汪区政府购买法律服务存在的主要问题。从政府、市场、社会的角度总结归纳贾汪区政府购买法律服务存在的三个方面的现实问题:政府购买法律服务的运行机制不规范、法律服务市场供给不充足和公众参与度低。

第5节:分析贾汪区政府购买法律服务所存问题的原因。运用公共服务多元供给理论、新公共服务理论、多中心治理理论深入剖析上述问题产生的具体原因:购买主体存在缺陷、承接主体存在缺陷和服务对象存在缺位。其中购买主体存在缺陷具体体现为政府主导的格局、顶层设计不完善;承接主体存在缺陷具体体现为市场调节机制的固有缺陷、成熟的市场体系尚未形成、法律服务资源配置不均衡;服务对象存在缺位具体体现为公民主体意识缺乏和公众参与能力不足。

第 6 节:基于贾汪区实际情况,提出完善贾汪区政府购买法律服务的优化路径。从政府、市场和社会的角度提出贾汪区政府购买法律服务的完善建议:健全政府购买法律服务工作机制、构建法律服务多元供给模式和完善社会公众有序参与机制。

第 7 节:研究结论与展望。得出本章的研究结论,并就研究中存在的不足提出未来展望。

2.1.3.2 研究方法

1. 文献研究法

一是通过学校图书馆、学术文献库等多种途径查阅大量学术专著、国内外期刊论文,梳理、归纳、总结关于政府购买法律服务的相关概念、理论基础、运作模式等政策性和理论性资料,梳理国内外的研究现状,确定符合本章研究内容的相关资料文献。二是通过浏览司法部网站、江苏省司法厅等官方网站搜索有价值的政策法规、行业统计数据等信息,深入了解政府购买法律服务的实施背景和发展脉络,为本章的研究奠定基础。

2. 访谈法

根据贾汪区政府购买法律服务的实施现状,对贾汪区政府购买法律服务的相关主体进行访谈调查。访谈对象包括司法行政机关的工作人员、法律服务机构的从业人员等。通过对贾汪区政府购买法律服务的实施现状、运行模式及存在问题进行更加深入全面的了解,为深入分析贾汪区政府购买法律服务运行的影响因素和具体原因分析提供了现实依据。

2.1.4 研究技术路线

徐州市贾汪区政府购买法律服务问题研究技术路线见图 2-1。

2.1.5 研究创新点

政府购买法律服务目前仍处于探索阶段,以往学界和实务界对公共法律服务较为关注,围绕政府购买公共法律服务进行了研究,但围绕政府购买法律服务展开的相关研究较少。贾汪区政府购买法律服务既有自身的特色,存在的问题又具有一定的普遍性。本章研究的初衷既为了解决实践中

第 2 章 徐州市贾汪区政府购买法律服务问题研究

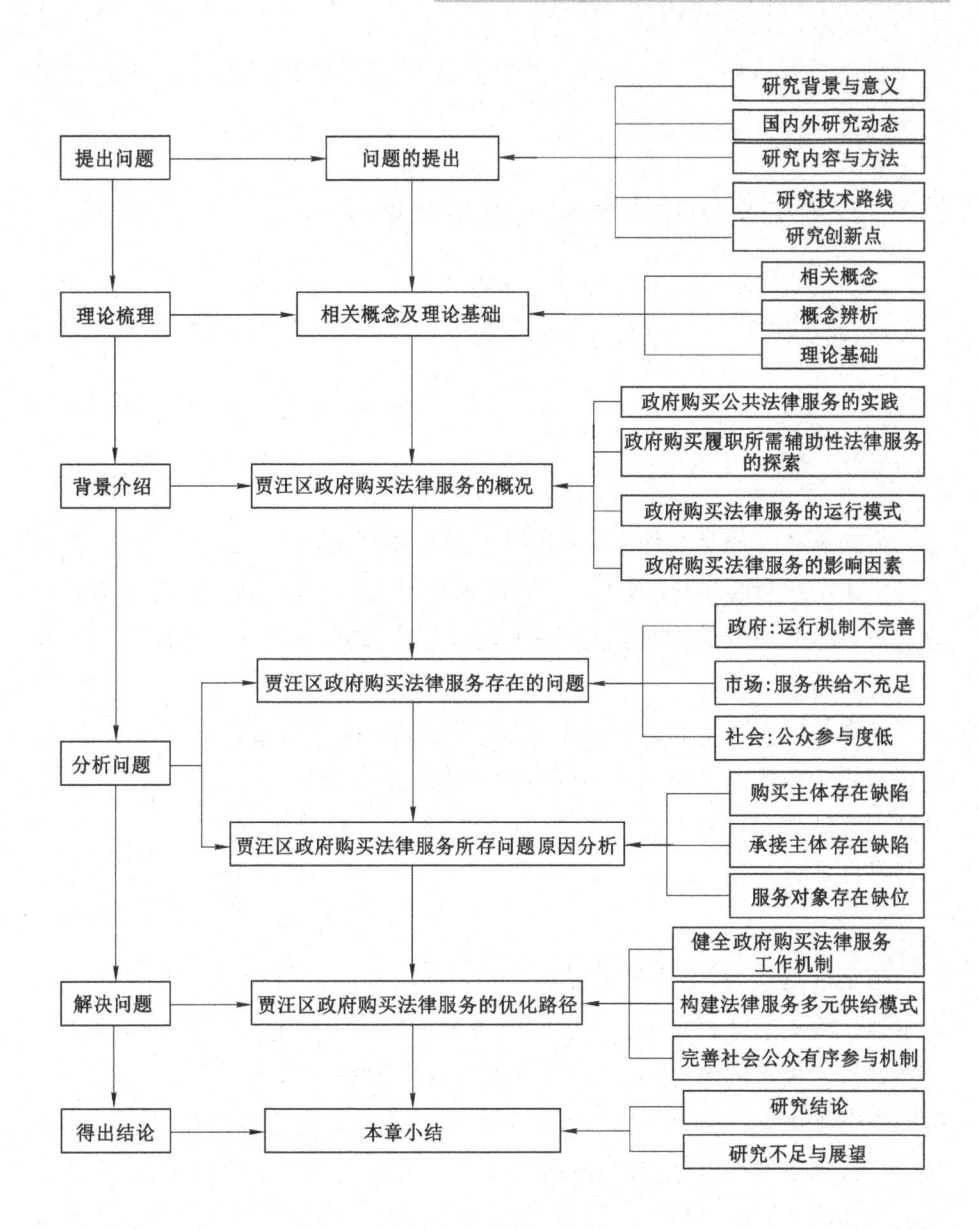

图 2-1 技术路线图

存在的问题,也希望能够丰富该领域的研究内容。

由于政府购买法律服务的运行较为复杂,本章采用 SWOT-PEST 分析法对贾汪区政府购买法律服务运行的影响因素进行定性分析。同时结合访谈资料,从政府、市场和社会的角度入手,对贾汪区政府购买法律服务存在的问题及原因进行深入分析,并结合贾汪区实际情况提出了对应的解决策略。

2.2 政府购买法律服务相关概念及理论基础

2.2.1 相关概念

2.2.1.1 公共服务

1. 概念界定

公共服务一词是个舶来品,其概念由公共物品的概念衍生而来。美国经济学家萨缪尔森指出,对于公共物品来说,任何人对它的消费都不会导致他人对该物品消费的减少,它是一种向所有人提供和向一个人提供成本都一样的物品。

在现代国家建构和政府治理过程中,公共服务的重要性日益凸显,已然成了当代中国政府治理的重要内容。公共服务是指政府等公共部门以及部分私营组织为满足社会公共需求、维护社会公共利益而进行公共物品的生产与供给的行为。

2. 基本特征

传统观点认为,公共服务或公共物品具有以下三个基本特征。一是非竞争性。非竞争性指每个人对公共服务的消费不存在竞争。非竞争性既不会导致供给成本的增加,也不会影响他人享受的服务质量。例如电视节目、国防安全等服务。二是非排他性。非排他性指技术上不能把任何人排除在某类公共服务的受益范围之外(即使技术上可以做到,也要付出高于排他收益的排他成本),故供应者无法拒绝未付费的人对该服务进行消费。公共服务的非排他性意味着公共服务消费的受益者不仅限于直接的当事人,还包括免费享受到这种益处的其他人,这种消费利益的外溢就是公共服务的外部性。三是不可分割性。不可分割性指公共服务的消费具有完整性,个人对公共物品的消费水平等于该物品的总体水平,不能将公共物品切割成个别单位进行消费。

3. 分类

纯公共物品和纯私人产品的存在毕竟是少数,在现实生活中,存在着大量介于纯公共物品和纯私人产品之间的准公共物品或混合物品。由此,公共服务可以分为准公共服务和纯公共服务,纯公共服务完全具备上述三个基本特征,例如国防、基础教育等。

准公共服务与纯公共服务相比,不能同时具备非排他性和非竞争性,只能符合其中一个基本特征。准公共服务有两种类型,一类是公用资源型服务,即服务虽然是公共的,不排斥其他人使用,但服务过程中可能存在"拥挤效应"等问题,例如公共图书馆。公共图书馆虽然是面向全社会提供服务,但读者过多时也会导致无形的竞争,因此公共图书馆的"占座"行为屡禁不止。另一类是具有非竞争性和不充分的非排他性的公共服务被称为俱乐部型公共服务。这类服务或者消费,受益范围有限,必须付费才能消费,例如音乐、视频、阅读等手机 App 普遍采用付费会员制等。

2.2.1.2 公共法律服务

在我国,公共法律服务实践早已有之,但对概念的界定相对滞后。随着依法治国的深入推进,国家对公共法律服务越来越重视,且在近年来先后出台了一系列政策文件指导和推进公共法律服务工作。关于公共法律服务工作的指导性文件见表2-1。

表 2-1 关于公共法律服务工作的指导性文件

时间	文件名称	主要内容
2014 年	《关于推进公共法律服务体系建设的意见》	较为完整地表述了公共法律服务的概念和具体内容
2014 年	《中共中央关于全面推进依法治国若干重大问题的决定》	提出建设完备的法律服务体系,包括推进覆盖城乡居民的公共法律服务体系建设,加强民生领域法律服务;完善法律援助制度,扩大援助范围,健全司法救助体系,保证人民群众在遇到法律问题或者权利受到侵害时获得及时有效法律帮助
2017 年	《关于推进公共法律服务平台建设的指导意见》	就加强公共法律服务平台建设和规范化运行提出明确要求
2018 年	《关于深入推进公共法律服务平台建设的指导意见》	就推进公共法律服务实体、热线、网络三大平台融合发展提出明确要求

表 2-1(续)

时间	文件名称	主要内容
2019年	《关于加快推进公共法律服务体系建设的意见》	明确提出加快公共法律服务体系建设,全面提升公共法律服务能力和水平的意见
2019年	《司法部关于印发〈公共法律服务事项清单〉的通知》	列举了16个基本公共法律服务事项
2020年	《司法部 财政部关于建立健全政府购买法律服务机制的意见》	将公共法律服务划定为政府购买法律服务的内容,进一步明确了公共法律服务的概念和范围
2021年	《全国公共法律服务体系建设规划(2021—2025年)》	明确"十四五"时期公共法律服务工作的指导思想、基本原则、主要目标等,努力实现公共法律服务高质量发展

1. 概念界定

2014年司法部印发《关于推进公共法律服务体系建设的意见》对公共法律服务的概念作出了较完整的表述。2020年司法部、财政部印发《司法部 财政部关于建立健全政府购买法律服务机制的意见》对公共法律服务的概念界定和适用范围进行了拓展,购买主体不再局限于司法行政机关,而是扩大到了政府部门。凡是政府部门基于维护社会和谐稳定、保障和改善民生的宗旨,委托律师、基层法律服务工作者等社会力量向社会公众提供的普法宣传、纠纷调解、法律咨询等法律服务事项,均属于公共法律服务。

2. 基本特征

公共法律服务与改善保障民生和维护社会和谐稳定密切相关,例如法律援助工作可以无偿为农民工等弱势群体讨要薪酬等。因此,公共法律服务无疑应当纳入现代服务型政府公共服务的范畴。在国家层面,《国家基本公共服务标准(2021年版)》已将法律援助工作纳入国家基本公共服务标准。

作为典型的公共物品,公共性是公共法律服务的核心价值,公共法律服务面向全体公民,服务对象是最广泛的人民群众。公共法律服务的形式具有双重性,既包括法律咨询、法律援助、村(居)法律顾问等无形的服务,也包括法治文化设施、法治文化作品等有形产品。

公共法律服务除具有公共性和服务形式的双重性外,还具有公益性、兜底性和均等性三个特征。

一是公益性。公共法律服务以保障和改善民生、促进基层依法治理、维护社会和谐稳定为出发点,以切实保障公民尤其是弱势群体的合法权益,实现社会公平正义为目标。公共法律服务不以营利为目的,具有无偿性,有公共财政的保障和支撑,符合公共服务满足公共需求、维护公共利益的目的导向。

二是兜底性。我国的公共法律服务体系建设起步较晚,现阶段应立足我国基本国情,首先解决"有"与"无"的问题,保障人民群众享受到兜底性的公共法律服务,再随着经济社会的进步逐步提高公共法律服务的供给能力和水平,逐渐解决"优"和"劣"的问题。

三是均等性。均等性意味着公民获得公共法律服务的机会相对均等,但均等化不等于平均化。政府部门应尽可能缩小因资源分布不均导致的权益保障差距,从而实现实质公平。

2.2.1.3 政府购买法律服务

近年来,各地陆续开展了政府购买法律服务的探索,取得了一定的积极成效。为推进政府购买法律服务工作规范有序开展,2020年《司法部 财政部关于建立健全政府购买法律服务机制的意见》出台,该意见进一步完善了政府购买法律服务机制,明确了政府购买法律服务的购买主体、承接主体和购买内容等。

1. 概念界定

政府购买法律服务,是指政府把直接提供的部分公共法律服务事项和政府履职所需辅助性法律服务事项,按照一定的方式和程序交由具备条件的法律服务机构等社会力量承担,并由政府根据服务数量、质量,按照合同约定向法律服务机构支付费用。

政府购买法律服务主要包括两个部分:一是政府购买公共法律服务,即政府委托律师、基层法律服务工作者等社会力量向公民、法人和其他组织提供公共性、公益性、普惠性、兜底性的法律服务;二是政府购买履职所需辅助性法律服务,即政府委托律师、基层法律服务工作者等社会力量提供的政府法律顾问服务及其他辅助性法律服务。

2. 主要特征

一是主体的特定性。购买主体和承接主体具有特定性,购买主体限定为使用财政资金购买法律服务的国家机关。承接主体则是律师、基层法律服务工作者等法律服务行业的从业人员。

二是客体为法律服务。采取政府购买法律服务的目的是更好地满足法律服务需求。法律服务机构作为承接主体,应当提供专业的法律服务。

三是服务的有偿性。购买行为属于有偿购买,由政府使用财政性资金来拨付,承接主体提供的法律服务是有偿服务而非无偿的服务。

2.2.2 概念辨析

2.2.2.1 政府采购与政府购买

政府采购指政府有选择性地购买。根据《中华人民共和国政府采购法》(简称《政府采购法》)的相关规定,政府采购是指各级国家机关、事业单位和团体组织,使用财政性资金采购依法制定的集中采购目录以内的或采购限额标准以上的货物、工程和服务的行为。2015年《中华人民共和国政府采购法实施条例》将《政府采购法》中服务的范围进一步明确为包括政府自身需要的服务和政府向社会公众提供的公共服务。

政府购买是一种以合同方式有偿获取公共服务,并供给公民的行为或活动。政府购买公共服务又被称为公共服务外包、公共服务市场化、公共服务民营化等。政府购买公共服务作为一种公共服务的供给方式,指政府以合同方式将由政府直接提供的且适合市场化的公共服务,交由有资质的社会力量承担,并按照服务的数量和质量支付费用。

一般说来,政府购买和政府采购都是以政府为采购主体,使用财政资金采购服务,强调在购买过程中合同方式的运用。二者在服务内容和服务对象方面存在差异,政府购买服务既包括政府自身履职所需的服务,也包括面向公众提供的公共服务,因此政府购买服务的服务对象既包括政府部门也包括社会公众。政府采购服务是政府为履行行政职能满足工作需要而进行采购的服务。

2.2.2.2 法律服务、公共法律服务与政府履职所需辅助性法律服务

法律服务的概念有广义和狭义之分。广义的法律服务包含整个法律的运作过程,通常指人们在社会生活中进行法律活动而提供的专业服务。法律服务的内容包括:解答法律咨询,代写法律文书,为国家机关、企业事业单位、社会团体和个人担任诉讼和非诉讼法律事务的代理人,为刑事被告人担

任辩护人等。狭义的法律服务是国家法治建设的重要内容,更是保障公民权利的重要手段。足够且有效的法律服务是实现法律对社会活动进行有效调整的条件。① 实践中,律师事务所、基层法律服务所、政府机关的公职律师和单位的法律顾问、高校的法学教师等群体都可以提供形式多样的法律服务。

公共法律服务和政府履职所需辅助性法律服务均属于法律服务的组成部分,且均被纳入了政府购买服务的范围,可以采用政府购买服务的方式来提供。但二者在服务对象和目的等方面截然不同,其中公共法律服务主要面向公众,以满足公众的基本法律服务需求为目的,主要用来保障和改善民生;政府履职所需辅助性法律服务是政府聘请法律顾问来提供法律服务,服务对象是政府部门,目的是为政府决策提供辅助,提高政府依法行政的能力和法治建设水平。

2.2.2.3 公益法律服务与政府购买法律服务

实践中,律师、基层法律服务工作者广泛参与并提供了形式多样的法律服务,其中既包括有偿的法律服务,也包括无偿的法律服务。公益法律服务与政府购买法律服务存在相似之处,二者容易混淆。

公益法律服务是指律师为公民、法人和其他组织提供的无偿法律服务。公益法律服务作为社会公益性服务的一种,具有公益性和非营利性的属性,服务内容比较广泛。例如,律师提供免费法律咨询、参与人民调解等都属于公益法律服务的内容。② 公益法律服务需要为服务者提供必要的工作保障,例如需要发放适当的食宿、交通等工作补贴。《司法部 财政部关于建立健全政府购买法律服务机制的意见》提出,政府购买法律服务是指政府把由政府直接提供的一部分公共法律服务事项以及政府履职所需法律服务事项,按照一定的方式和程序交由具备条件的法律服务机构等社会力量承担,并由政府根据服务数量和质量,按照合同约定向法律服务机构支付费用。

政府购买法律服务与公益法律服务相比,二者的相同点在于承接主体都是以律师、基层法律服务工作者为代表的法律服务机构等社会力量,但在

---

① 王志卿.我国地方政府购买公共法律服务研究:以中山市、杭州市为例[D].上海:上海交通大学,2015.

② 魏中龙,等.政府购买服务的理论与实践研究[M].北京:中国人民大学出版社,2014.

服务对象、服务方式、服务内容和服务范围三个方面,二者则存在显著差异。

一是服务对象不同。公益法律服务主要面向社会公众,而政府购买法律服务的服务对象既包括社会公众,也包括政府部门。

二是服务方式不同。公益法律服务是具备公益性的法律服务活动,由承接主体提供非营利性的法律服务。与公益法律服务相比,政府购买法律服务强调有偿法律服务,这是二者的本质区别。

三是服务范围和内容不同。政府购买法律服务的购买范围明确;公益法律服务的范围则比较广泛和模糊,没有清晰的界定。同时,二者的服务范围存在一定的交叉。

公益法律服务和政府购买法律服务的比较见表 2-2。

表 2-2 公益法律服务和政府购买法律服务的比较

法律服务类别	公益法律服务	政府购买法律服务
服务对象	社会公众	社会公众和政府部门
服务方式	无偿服务,强调公益性	有偿服务,强调有偿性
服务范围和内容	范围较广,没有明确的规定和范围	范围较为具体,包括政府履职所需辅助性法律服务、向社会公众提供的公共法律服务两类,具体内容由双方协商

2.2.3 理论基础

2.2.3.1 公共服务多元供给理论

关于公共服务的供给主体和方式,在理论界一直是个颇具争议的话题。按照提供公共服务的多元供给主体公共服务多元供给主要包括以下三种类型。

1. 政府部门供给

一直以来,提供公共服务被认为是政府的传统职能和核心职能。但随着社会进步,政府部门的公共服务供给能力不足以满足现实需求,出现了公共服务供给不足、效率低下等"政府失灵"的现象,政府部门供给面临新的问题与挑战。

2. 私人营利部门供给

私人营利部门即各种企业组织,以营利为目的。我国的企业组织根据所有权不同可分为国有企业、私营企业、股份制企业和外资企业等多种形式。与政府部门相比，企业组织等私人营利部门提供公共服务的效率和质量更高，现已广泛参与交通、水电、通信等公共服务的供给过程。企业组织等私人营利部门参与公共产品和服务供给，一方面有助于减轻政府财政压力，促进资源的合理配置，另一方面打破了政府单一供给的模式，推动了公共服务供给的多样化。但是市场发挥的作用毕竟是有限的，私人营利部门以营利为目的的属性决定了公共服务的供给不能完全交由私人营利部门承担。

3. 非营利组织供给

非营利组织供给又称第三部门供给，是指提供公共物品的供给不以营利为目的，通过政府或社会慈善等途径的财政支持和组织成员的志愿服务来向公众供给公共物品的一种方式。我国的第三部门主要包括各种人民团体、社会团体、转型中的事业单位、群众性组织、中介组织和各种行业协会等。与私人营利组织不同，非营利组织最大的特点是志愿性和无偿性。非营利组织服务多带有公益特色，着眼于保护弱势群体权益，有助于实现社会公平正义，对满足公众的多元服务需求发挥着不可替代的作用。由于"政府失灵"和"市场失灵"的存在，公共服务的供给必然需要第三部门发挥作用。但第三部门本身也有缺陷，突出表现为非政府组织筹集的资源与开展的活动所需开支往往存在巨大缺口，这种现象称为慈善不足或"志愿失灵"。

公共物品的供给方式先后经历了上述三种由供给主体的变换而带来的转变，政府部门、私人营利部门和非营利组织在供给公共物品方面各有局限，"政府失灵""市场失灵"和"志愿失灵"普遍存在。我国的公共服务领域面临供给困境，实践证明仅凭任何单一主体供给公共服务都不足以满足社会需求。要摆脱供给困境，公共服务多元供给理论认为必须推进公共服务市场化和社会化改革，促进政府部门、私人营利部门和非营利组织的相互合作。

伴随着公共法律服务体系建设的快速发展，公共法律服务的供给方式由政府部门单一提供逐渐转变为多元主体供给。除政府部门外，律师、基层法律服务工作者等社会力量也可以构成公共法律服务的承接主体。实践中公共法律服务供给普遍存在"政府失灵""市场失灵"和"志愿失灵"的现象。

政府由于自身供给能力有限和财政预算的约束，出现了公共法律服务供给不足、质量差等问题，政府无法对社会公众日益增长的公共法律服务需求进行有效回应，即"政府失灵"；虽然采取了政府购买服务的方式，但律师事务所等法律服务机构的逐利属性与公共法律服务公益性、公共性的价值追求天然存在矛盾，实践中服务质量和效果面临诸多挑战，即"市场失灵"；由于公共法律服务发展较晚，我国的非营利组织对政府部门依赖性较强，非营利组织对法律服务供给的参与度较弱且对政府依赖性较强，独立性欠缺，存在"志愿失灵"现象。

政府部门、私人营利部门和非营利组织在公共服务的供给方面各有优势也各有局限。贾汪区政府购买法律服务的实践需要借鉴公共服务多元供给理论，建立多元化的法律服务供给协调机制，实现政府部门、私人营利部门和非营利组织三方供给主体的优势互补。

2.2.3.2 新公共服务理论

新公共服务理论作为西方公共管理的前沿理论之一，它的出现源于对新公共管理理论的质疑，特别是针对新公共管理理论之精髓的企业家政府理论缺陷的批判。美国公共行政学家登哈特夫妇提出了新公共服务理论的七项基本原则，其中最突出的原则是：公务员的首要作用是帮助公民明确阐述并实现他们的共同利益，而不是试图去控制或驾驭社会。登哈特夫妇重点强调要把公民、公民权和公共利益置于新公共服务的首要位置。

新公共服务理论以民主理论为理论基础，将公共利益、公民权、民主治理与公民参与置于公共服务中的核心位置，对于推动世界范围内的服务型政府转型以及实现民主治理与公民参与，具有重要的理论和现实意义。

公共法律服务倡导维护社会和谐稳定、保障和改善民生，与新公共服务理论倡导把公民、公民权和公共利益摆在首位的理念不谋而合。政府在购买法律服务的过程中只有不断强化公众参与和维护公共利益，才能更好地满足公众日益增长的法律服务需求。

2.2.3.3 多中心治理理论

传统公共行政理论主张单中心治理方式，主张强化层级节制、权责界限清晰，同一件事情必须交给同一个部门完成。美国政治学家奥斯特罗姆夫妇主张多元主体通过合作、协商和谈判等方式替代简单的行政命令来解决公共治理问题,治理的目标是实现"多赢",即网络结构中每个参与者都能获取各自利益。

多中心治理理论反对政府治理权力的垄断和扩张,认为治理源于政府和公民社会有序的互动,治理的质量取决于政府和公民社会之间互动关系的质量。该理论主张以自主治理为基础,强调自发秩序和治理的自主性。

在政府主导的格局下,贾汪区政府购买法律服务的运行以政府为主导,承接主体与服务对象居于弱势地位,存在市场主体服务意愿不足,公众参与不充分等问题。要解决当前存在的问题,可以借鉴多中心治理理论,从多元主体互动的角度深入分析贾汪区政府购买法律服务的运行模式,关注三方主体之间的互动关系,通过合作、协商和谈判替代行政命令,从而促进三方主体的良性互动,实现从单中心治理到多中心治理模式的转变。

2.3 贾汪区政府购买法律服务的概况①

贾汪区是江苏省的北大门,位于江苏省和山东省两省交界处,辖区面积612.05平方千米,2022年常住人口约45.12万人,属于徐州市的郊区(非主城区)。② 贾汪区素有"百年煤城"的称号,煤炭资源枯竭后大力推进生态转型、产业转型、城市转型、社会转型等"四个转型",习近平总书记曾到贾汪区实地考察,高度肯定了贾汪区的生态建设和经济转型发展成效。近年来,贾汪区高度重视公共法律服务体系建设,在诸多公共法律服务项目中采取政府购买服务的方式,不断提高公共法律服务的供给水平。贾汪区积极探索政府法律顾问制度,政府法律顾问在贾汪区制定重大行政决策、推进政府依法行政中发挥了积极作用。

2.3.1 政府购买公共法律服务的实践

近年来,贾汪区政府加快建设现代公共法律服务体系,为提升公共法律服务水平开展了大量实践和探索。贾汪区政府通过加快构建区、镇、村(居)三级公共法律服务平台,不断提高法律服务资源利用率,满足群众的法律服务需求。

---

① 本节未标注出处的数据均来源于徐州市贾汪区司法局相关工作业务数据。
② 数据来源于徐州市贾汪区人民政府网站。

贾汪区政府购买公共法律服务项目主要包括法律援助和村(居)法律顾问两种,其他的公共法律服务项目主要由贾汪区司法行政机关直接提供。下面将分别从政府购买法律服务的角度对贾汪区法律援助和村(居)法律顾问的实施现状进行论述。

2.3.1.1 法律援助

法律援助是国家建立的为经济困难公民和符合法定条件的其他当事人无偿提供法律咨询、代理、刑事辩护等法律服务的制度,属于公共法律服务体系的组成部分。法律援助在公共法律服务体系中居于特殊地位,在贯彻保障司法公正等方面发挥着不可忽视和不可取代的特殊作用。[①] 目前法律援助已被纳入国家基本公共服务标准,且明确了法律援助的牵头单位、服务对象、服务内容、服务标准和经费保障的支出责任。

贾汪区普遍设立了区法律援助中心工作站,通过组建法律援助人才库,本着应援必援、能援尽援的原则,为弱势群体撑起了法律保护伞,引导农民工、老年人等弱势群体理性维权、依法维权。贾汪区在全区广泛组织开展"法润贾汪春风行动""'4·8'司法日法律服务进园区暨安全生产法治宣传活动"等多种形式的宣传活动,不断扩大法律援助受援面和公众知晓率,法律援助工作获得了社会各界的一致肯定。

1. 购买主体

司法行政部门作为法律援助服务的购买主体,可以择优选择律师事务所、基层法律服务所等法律服务机构为公众提供法律援助。当事人到法律援助中心提出申请后,经过中心批准指派辖区律师办理案件,案件办结后根据办案件数向律师发放办案补贴。

2. 承接主体

《中华人民共和国法律援助法》(简称《法律援助法》)第十六条指出,律师事务所、基层法律服务所、律师、基层法律服务工作者负有依法提供法律援助的义务,《中华人民共和国律师法》《律师执业管理办法》《法律援助法》等法律法规明确规定了律师的法律援助义务。贾汪区法律援助中心从全区的法律服务从业人员中择优选派多名执业律师组建了贾汪区法律援助服务

---

① 顾永忠.我国法律援助制度的创新与发展[J].中国司法,2021(12):63-69.

人才库。

3. 服务内容及方式

《司法部关于印发〈公共法律服务事项清单〉的通知》规定,法律援助中心的服务事项主要包括两类:一类是申请类法律援助事项,服务对象为法律援助申请人,由申请人提出申请,法律援助机构指派律师为申请人提供无偿法律服务;另一类是通知辩护、通知代理类法律援助事项,服务对象包括司法机关通知辩护、通知代理的犯罪嫌疑人、刑事被告人、强制医疗被申请人等,法律援助机构指派律师为此类人群提供刑事辩护、刑事代理等无偿法律服务。

根据法律援助中心工作流程(见图 2-2),当工作人员接到当事人申请或司法机关的辩护通知后,应当在三日内填写指派通知书,将法律援助案件指派给擅长该类案件的律师或基层法律服务工作者,承接主体与申请援助的服务对象进行对接,提供法律咨询、文书代写等法律服务,如果需要进行诉讼的则按照《中华人民共和国民事诉讼法》《中华人民共和国刑事诉讼法》的规定签订委托代理合同。

4. 服务费用

法律援助中心办理援助案件不得对受援人收取任何费用,承办人亦不得私下向受援人收取任何服务费用,由司法行政机关向案件承办人发放办案补贴。法律援助的无偿性决定了法律援助的实施离不开政府的经费保障,《法律援助法》第四条和《国家基本公共服务标准(2021年版)》明确规定了政府对法律援助工作的经费保障责任。

为保障法律援助工作顺利开展,法律援助工作已被列入贾汪区政府 2021 年度为民办实事项目,由区财政发放专项补贴。目前贾汪区法律援助中心的工作经费主要由两部分构成,一是江苏省司法厅转移支付的专项工作经费,二是贾汪区政府的财政专项经费。2021 年,贾汪区财政拨款 30 万元,省司法厅拨款 46 万元,法律援助工作专项经费合计 76 万元,此经费补贴数额能够较好地保障辖区群众的法律援助需求。

关于法律援助案件的办案补贴,目前办案补贴的发放标准由各地司法行政机关自行决定。2022 年贾汪区的法律援助案件补贴标准不低于 800 元/件(差旅费单独补贴),而对于劳动争议等群体性援助案件,在 800 元的

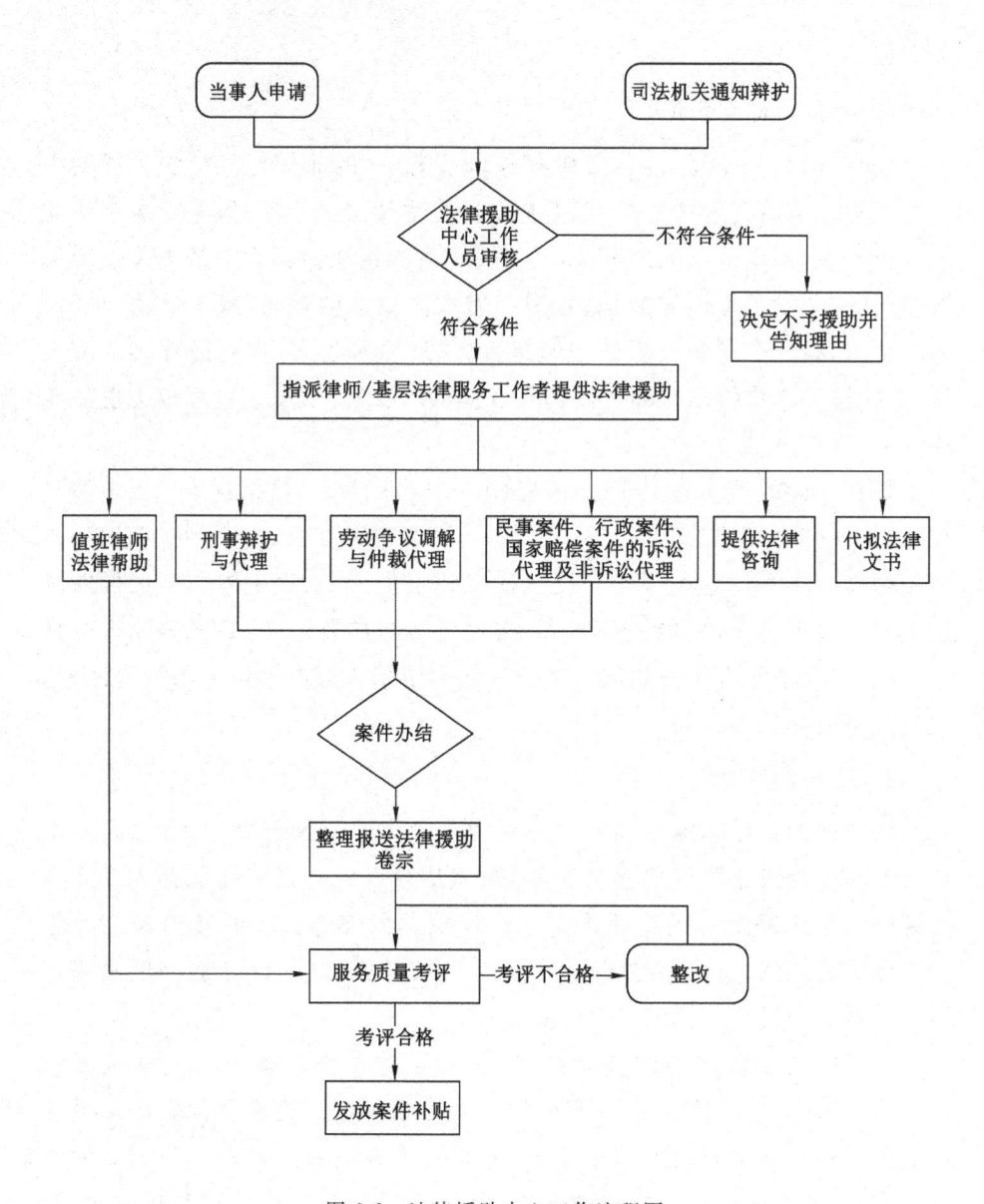

图 2-2　法律援助中心工作流程图

基础上,每多增加一个受援人增加 200 元补贴。

5. 服务质量考评

贾汪区法律援助中心高度重视法律援助案件质量考评工作,通过制定服务质量评价标准、建立投诉查处制度和受援人满意度回访机制等措施,加强对律师法律援助服务质量的绩效监管。

一是建立服务质量评价标准和投诉查处机制。案件办结后,请受援人从服务态度、沟通效果、办案结果、便利程度、具体建议等五个方面对案件承办人的服务质量综合评价打分,保障服务质量。建立投诉查处机制,及时调查处理当事人的投诉案件,并将办案补贴发放情况和投诉情况挂钩。

二是建立卷宗质量考评机制。为保障卷宗质量,贾汪区法律援助中心高度重视卷宗质量考评工作,将卷宗整理和办案补贴挂钩,要求律师在结案后一个月内,必须完成卷宗整理工作,卷宗验收合格后发放办案补贴。

三是建立受援人满意度回访机制。定期进行受援人满意度回访,随机选取受援人进行电话回访,了解受援人对办案结果、律师服务、办案过程等方面是否满意,依据回访情况不断加强服务质量监督。

2.3.1.2 村(居)法律顾问

政府部门的公共法律服务资源有限,故公共法律服务的供给能力和水平无法满足人民群众日益增长的法律服务需求,为推动法律服务资源下沉一线,村(居)法律顾问制度应运而生。村(居)法律顾问制度是指采用政府购买法律服务的方式为各个村(居)配置专属的法律顾问,深入基层开展法律服务的制度。村(居)法律顾问工作是司法行政工作向基层延伸的重要载体,不仅有助于推动基层依法治理工作,也有助于更好地服务和保障民生,促进社会的稳定和谐。自2014年提出探索建立村(居)法律顾问制度以来,司法部先后制定了一系列指导性文件,为村(居)法律顾问制度的实施指明了方向。

为延伸公共法律服务,打通服务群众的"最后一公里",多年来贾汪区深入探索和推进村(居)法律顾问全覆盖工作,创立了"3+3"工作模式。[①] 贾汪区加快整合法律服务资源,村(居)法律顾问制度的建立有利于满足群众多样化的公共法律服务需求。

1. 购买主体

贾汪区司法行政机关是村(居)法律顾问服务的购买主体,但是在购买服务的过程中,司法行政机关并不直接参与购买,而是采用间接购买的方式

---

① 村(居)法律顾问"3+3"工作模式主要包括:公示"1+1"模式、服务"1+1"模式和考评"1+1"模式。

履行政府供给责任。村（居）委会与律师事务所直接签订法律服务协议，政府对律师事务所发放适当补贴。

2. 承接主体

承接主体以辖区内的律师事务所和基层法律服务所为主。贾汪区建立了村（居）法律顾问遴选制度，选拔业务能力较强、熟悉基层工作的人员担任全区各个村（居）的法律顾问，并和所在的村（居）委会分别签订了聘任协议，服务期3年。截至2022年年底，贾汪区共有村（居）法律顾问64名，其中执业律师36名，基层法律服务工作者21名，外聘人员①7名，每名法律顾问服务2～3个村（居）委会，覆盖率达到100%。

采取公示"1+1"模式，通过制作"村（居）法律顾问公示牌"和"村（居）法律顾问联系卡"，面向全区各村（居）公布法律顾问的服务信息，并在江苏法律服务网和村（居）"法润民生"微信群同步更新，通过线上线下的公示推广提高村（居）法律顾问的知晓率，让法律服务触手可及。

3. 服务方式和范围

采取服务"1+1"模式，除驻村提供现场服务外，法律顾问也可利用"法润民生"微信群和村（居）民进行线上互动，全区各个村（居）均组建了"法润民生"微信群，村（居）法律顾问可以利用微信群开展线上法治宣传，普及法律常识，通过线上互动收集村民法律服务需求，提供方便快捷的法律服务。对当场无法办理的法律援助、公证等业务提供业务指引，构建"全业务、全时空，零距离、零障碍"的法律服务网络。每个月法律顾问驻村服务不得少于8小时，每季度至少入村举办1次法治讲座，讲座时间不计入现场服务的8小时范畴。

2021年，江苏省司法厅依托公共法律服务融合办理平台，在"江苏掌上12348"微信公众号中研发并推广应用村（居）法律顾问服务模块，法律顾问每次入村开展服务时须登录网上平台，进行服务打卡并上传法治讲座照片等信息，实现了法律顾问考评管理从线下考评、周期考评到线上考评、实时考评的转变。

村（居）法律顾问的服务范围主要包括四个方面。一是为村（居）自治管

---

① 少数村（居）的法律顾问不由法律服务机构指派，而由村（居）自行聘请辖区外的律师担任法律顾问。

理提供法律意见;二是为村(居)民提供法律服务;三是开展法治宣传活动,增强基层群众的法律意识,为辖区中小学生和企业职工开展普法讲座等;四是参与矛盾纠纷化解工作,引导当事人在法律框架内解决问题。

4. 服务费用

村(居)法律顾问已被列入《江苏省"十三五"时期基本公共服务清单》。依据《江苏省"十三五"时期基本公共服务清单》的规定,村(居)法律顾问制度经费由设区市、县(市)、乡(镇)政府负责。2022年,村(居)法律顾问工作已被列入贾汪区2022年度重大投资项目计划及民生实事项目计划,纳入区财政预算,发放专项经费60万元。村(居)法律顾问每人每村(居)发放工作补贴100元/月,法治讲座按照每村(居)50元/次的标准发放补贴。

5. 服务质量考评

采取考评"1+1"模式,建立完善了村(居)法律顾问服务考评机制,将村(居)法律顾问工作开展情况纳入对法律顾问和各乡镇司法所的绩效考评,主动听取各乡镇司法所对村(居)法律顾问的服务评价,将考评结果与补贴发放、奖励评先挂钩。

2.3.2 政府购买履职所需辅助性法律服务的探索

2.3.2.1 政府购买履职所需辅助性法律服务的介绍

政府购买履职所需辅助性法律服务主要是指政府委托律师、基层法律服务工作者等社会力量提供的政府法律顾问服务及其他辅助性法律服务。2016年,中共中央办公厅、国务院办公厅印发《关于推行法律顾问制度和公职律师公司律师制度的意见》,要求普遍设立法律顾问,建立以党内法规工作机构、政府法治机构人员为主体,吸收法学专家和律师参加的法律顾问队伍。之后,各地纷纷响应中央号召开始探索建立政府法律顾问制度。

2.3.2.2 政府购买履职所需辅助性法律服务的实践

组建政府法律顾问是政府购买履职所需辅助性法律服务的一次实践。贾汪区政府法治机构和贾汪区司法行政机关按照"自愿报名、择优筛选"的原则组建了贾汪区政府法律顾问队伍,为党政机关法律顾问全覆盖工作奠定了一定基础。贾汪区推行政府法律顾问制度是规范政府行为,有效推进依法行政的重要保证,对推进政府依法行政和法治政府建设具有十分重要的意义。

2019年,贾汪区对司法行政部门的职能配置和内设机构进行了相应调整,调整后的贾汪区司法行政机关增加了原先区政府法治机构的工作职能,要承担区政府的行政复议、行政应诉和行政赔偿工作,负责办理行政复议和行政应诉案件。为充分发挥政府法律顾问对法治政府建设的重要作用,规范和加强政府法律顾问管理和提升政府法律顾问服务质量,有效提高政府依法行政、依法治理和依法办事的能力和水平。2020年,贾汪区政府印发了《关于加强政府法律顾问工作的意见》,通过建立健全政府法律顾问工作机制,制定工作细则和考评办法,有力推动了贾汪区政府法律顾问工作的规范化运行。

1. 购买主体

政府履职所需辅助性法律服务的购买主体为贾汪区的区镇两级政府和区政府部门,其中贾汪区司法行政机关负责区政府法律顾问的聘用、组织联络和管理服务工作,各乡镇政府和政府部门自行聘用和管理自己的法律顾问。至2022年,贾汪区已实现党政机关法律顾问全覆盖。

2. 承接主体

政府法律顾问主要由购买主体从法律服务机构、高等院校有较强业务能力和有一定知名度及影响力的人员中选聘,选聘条件主要包括:拥护中国共产党的领导,遵守法律法规,恪守律师职业道德和执业纪律,品行良好;具有扎实的法律基础和较高的执业水平;三年内没有受过行政处罚或行业处分;从事法律实务工作三年以上且执业满三年;等等。

贾汪区对于政府法律顾问的聘用数量和服务期限没有统一规定,由购买主体根据实际需要自行决定。区政府法律顾问每两年聘任1次,每届任期两年,可根据工作情况提前解聘或期满续聘。各乡镇政府及区政府部门一般聘请1~2名政府法律顾问,任期1年。

3. 服务内容及方式

区政府法律顾问受区政府委托,参与或代理区政府的特定法律事务,主要履行下列职责:参与区政府作出重大行政决策、重大具体行政行为,制定规范性文件、内部管理制度的过程并进行法律论证,提出法律参考意见;参与区政府重大经济建设项目的谈判,草拟、审查、修改项目合同并出具书面法律意见;参与处理民事纠纷、行政纠纷及其他纠纷,受聘任单位委托代理诉讼;协助开展法治教育宣传活动等事务。

区政府部门和各乡镇政府法律顾问的服务内容与区政府法律顾问的服务内容大致相似,其中区政府部门的法律顾问多以合同审查和参与处理纠纷代理诉讼案件为主,而乡镇政府的法律服务需求则比较琐碎,法律顾问在信访案件调处、基层行政决策、项目审查等方面参与得更多。

2022年,贾汪区已建立法律顾问前置审核制度,政府部门在作出行政决策事项前,须由司法行政机关或各部门的法治机构邀请政府法律顾问参与合法性审核,并出具法律意见书。司法行政机关或各部门法治机构结合法律顾问的意见,作出最终的合法性审核意见,报区政府或本单位集体研究决策。未经法律顾问、司法行政机关或本单位法治机构合法性审核的,不得提交区政府或本单位研究决策。政府法律顾问要以书面形式提供意见,出具法律意见书并对提供的法律意见负责。

4. 服务费用

由于政府履职所需辅助性法律服务具有不确定性,区政府法律顾问的服务费用主要根据实际工作量计算。例如,合同审查按照 1 000~2 000 元/次的标准发放服务费用。与区政府法律顾问服务费用计算方式不同,各乡镇政府和区政府部门在聘请法律顾问时,鉴于基层的法律事务较为庞杂琐碎,实践中往往一次性支付服务费用。

5. 服务质量考评

根据《贾汪区人民政府法律顾问工作考核办法》,区司法行政部门每年对区政府法律顾问组织一次考评,考评结果作为对政府法律顾问续聘或解聘的依据。考评主要围绕履行职责、遵守纪律、奉献社会及创新政府法律顾问管理工作等四个方面,其中履职情况是考评的重点内容,包括代理行政复议、行政诉讼情况;协助政府及其职能部门化解群体性、突发性重大社会矛盾纠纷情况等。

2.3.3 政府购买法律服务的运行模式

根据政府购买法律服务的内容,可以将贾汪区政府购买法律服务的运行模式分为政府购买公共法律服务与政府购买履职所需辅助性法律服务两种。

2.3.3.1 政府购买公共法律服务

1. 运行模式

政府购买公共法律服务的过程包含三方主体:政府、法律服务机构和社会公众。其中,政府作为购买主体以购买服务的方式履行公共法律服务的供给责任。政府部门并不直接参与购买,而是由承接主体与群众直接签订法律服务合同,通过对法律服务机构进行补贴的间接购买方式来履行政府的供给责任。

政府作为购买主体,一方面向承接主体发放补贴和费用,另一方面要根据服务主体的反馈对承接主体的服务情况进行考评和管理。律师事务所、基层法律服务所等法律服务机构作为承接主体,一方面要指派律师或基层法律服务工作者提供符合标准的法律服务,另一方面要保证服务质量,向政府负责。社会公众作为服务对象,一方面要与承接主体及时沟通,满足自身的法律服务需求,另一方面要对服务质量和效果作出评价。政府购买公共法律服务的运行模式见图 2-3。

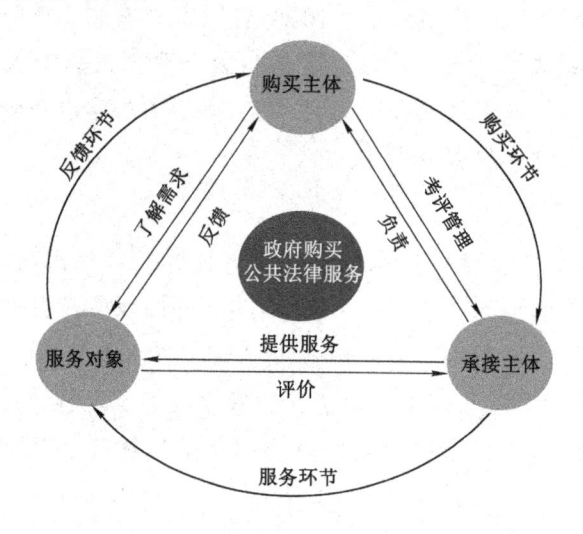

图 2-3 政府购买公共法律服务的运行模式

2. 角色定位

政府购买法律服务的运行需要政府、法律服务机构与社会公众之间的良性互动,三者缺一不可,政府发挥主导作用,法律服务机构和社会公众协同参与。其中,政府作为购买主体,是公共法律服务的购买方,在购买公共法律服务的过程中发挥主导作用;律师事务所、基层法律服务所等法律服务机构作为承接主体,是公共法律服务的生产者;社会公众是公共法律服务的服务对象。

2.3.3.2 政府购买履职所需辅助性法律服务

1. 运行模式

政府购买履职所需辅助性法律服务主要涉及政府和法律服务机构两个主体,服务事项包括合同审查、行政应诉等政府本身履职所需的法律服务。购买主体和服务主体具有同一性,政府既是购买主体,也是服务主体,与法律服务机构签订服务协议,以直接购买的方式委托律师、基层法律服务工作者担任政府法律顾问,提供政府履职所需的辅助性法律服务。

政府法律顾问应当履行职责,提供法律服务并保证服务质量;政府在支付法律顾问费用的同时,对承接主体的服务可以进行考评。政府购买履职所需辅助性法律服务的运行模式见图 2-4。

图 2-4 政府购买履职所需辅助性法律服务的运行模式

2. 角色定位

政府购买履职所需辅助性法律服务以政府部门为主导,政府部门的角色具有双重性,既是购买主体又是服务主体,委托承接主体提供履职所需辅助性法律服务;法律服务机构作为承接主体,要根据合同约定向政府部门提供法律服务。

2.3.3.3 两种运行模式的对比

政府购买公共法律服务和政府购买履职所需辅助性法律服务两种运行

模式在购买方式、购买主体、承接主体、服务对象、服务范围等方面存在显著差异(见表2-3)。

表 2-3 政府购买公共法律服务与政府购买履职所需辅助性法律服务运行模式的比较

法律服务的类别	政府购买公共法律服务	政府购买履职所需辅助性法律服务
购买方式	间接购买	直接购买
购买主体	政府部门,以司法行政机关为主	政府部门,不限于司法行政机关
承接主体	以法律服务机构等社会力量为主	法律服务机构,高校的法学专家、学者等社会力量
服务对象	社会公众	政府部门
服务范围	公共法律服务面向社会公众提供,范围比较广泛	围绕政府部门行政决策的工作需要,为政府履职提供所需辅助性法律服务

一是购买方式不同。政府购买公共法律服务时并不直接参与购买,而是以间接购买的方式来履行政府的供给责任,比如法律援助、村(居)法律顾问工作等服务。政府购买履职所需辅助性法律服务采取直接购买的方式,购买主体和服务主体具有同一性,政府既是购买主体,也是服务主体。政府与法律服务机构签订服务协议,以直接购买的方式委托政府法律顾问提供政府履职所需的辅助性法律服务。

二是购买主体不同。政府购买公共法律服务的购买主体以司法行政机关为主,其他政府部门次之。政府购买履职所需辅助性法律服务的购买主体范围则不限于司法行政机关,政府和政府各部门都可以购买履职所需辅助性法律服务。

三是承接主体不同。政府购买公共法律服务的承接主体以律师事务所、基层法律服务所等法律服务机构为主,由法律服务机构指派律师和基层法律服务工作者提供法律服务。政府购买履职所需辅助性法律服务的承接主体不仅包括法律服务机构,还包括高校的法学专家、学者等社会力量。

四是服务对象不同。政府购买公共法律服务面向社会公众,具有公共性和公益性的特征,服务对象是社会公众。政府购买履职所需辅助性法律服务的服务对象是政府部门,目的是为政府决策提供辅助,提高政府依法行政的水平,推动法治政府建设。

五是服务范围不同。政府购买公共法律服务面向社会公众提供,范围比较广泛。政府履职所需辅助性法律服务的服务内容主要围绕政府部门自身行政决策的工作需要,为政府履职提供所需辅助性法律服务。

2.3.4 政府购买法律服务的影响因素

由于贾汪区政府购买法律服务的运行模式较为复杂,受到内外部环境等诸多因素的影响,因此本章采取 SWOT-PEST 分析法对贾汪区政府购买法律服务的影响因素进行定性分析。SWOT-PEST 分析法由 SWOT 分析法和 PEST 分析法构成。

SWOT 分析法又称态势分析法,是一种对组织内部条件和外部环境的各种因素进行综合考虑和系统评价,从而选择最佳战略的方法。其中,S 是指组织内部的优势(Strengths),W 是指组织内部的劣势(Weaknesses),O 是指组织外部的机会(Opportunities),T 是指组织外部的威胁(Threats)。PEST 分析法是对组织外部环境进行分析的一种工具。其中,P 是指政治(Politics),E 是指经济(Economy),S 是指社会(Society),T 是指技术(Technology)。通过这四个方面的因素分析,可以从总体上把握研究对象的宏观环境,评价这些因素对组织战略目标和战略制定的影响。

整体而言,SWOT 分析法侧重于分析事物的内部环境,PEST 分析法侧重于分析事物的外部环境。将上述两种分析方法结合使用,能够对影响贾汪区政府购买法律服务运行的诸多因素进行系统和全方位的评价与分析,为下一步提出贾汪区政府购买法律服务的优化路径奠定基础。

2.3.4.1 贾汪区政府购买法律服务的优势

贾汪区政府购买法律服务的优势主要是指影响贾汪区政府购买法律服务运行发展的内部积极因素。

1. 政治优势(PS)

近年来,贾汪区政府加快建设现代公共法律服务体系,为提升公共法律服务水平开展了大量实践和探索。贾汪区政府积极整合律师、基层法律服务工作者等法律服务资源,以政府购买服务的方式面向社会公众提供公共法律服务,聘请政府法律顾问提供政府履职所需的法律服务,在政府购买法律服务领域积累了一定的实践经验。

2. 经济优势(ES)

在以习近平同志为核心的党中央坚强领导下,我国政府沉着应对时代挑战,紧握高质量发展的时代主题,经济社会发展取得了新成效。政府作为购买法律服务的购买主体具备强大的竞争力,具备将法律服务的供给外包给法律服务机构的购买力,法律服务机构供给法律服务的成本相对较低、专业性强、效率较高,能够使社会公众享受更专业、更高效的法律服务。

3. 社会优势(SS)

非营利性组织在公共服务供给方面具备明显优势,例如不以营利为目的、灵活性较强、贴近基层等,较为关注社会弱势群体和边缘性社会群体,能够满足政府和市场不愿顾及或无暇顾及的公共服务需求。

近年来,贾汪区的民间社会组织不断发展壮大,其中马庄法治文化艺术团、①耿集乡贤协会②等社会组织独具特色。民间社会组织热心公益服务,供给灵活性较强,与法律服务机构相比,更加贴近农村基层社会,文艺演出的内容和形式往往比较"接地气",受到了村民的一致好评。这些都为贾汪区政府购买法律服务的发展提供了坚实的社会基础。

4. 技术优势(TS)

技术优势指较高的劳动熟练程度与服务的专业程度。近年来,贾汪区通过制定扶持律所发展的优惠政策、发展公职律师、引进优秀律所人才等措施,大力发展法律服务队伍。截至2022年年底,贾汪区共有8家律师事务所,律师总人数123人。贾汪区政府在壮大法律服务队伍的同时,注重队伍培训,法律服务的技术优势进一步彰显。

---

① 马庄法治文化艺术团原名马庄农民乐团,组建于1988年,是"苏北第一支农民铜管乐团",多次荣获国家级表彰奖励,彰显了当代中国农民的崭新形象。2016年更名为马庄法治文化艺术团,致力于精心编排和创作表演法治文艺节目。2017年习近平总书记视察马庄时,在村法治文化礼堂观看了艺术团宣讲党的十九大精神的快板,称赞节目"编得好、演得好",鼓励他们为丰富村民文化生活多作贡献。

② 耿集乡贤协会成立于2015年,是全国首家乡贤协会,协会专职从事乡村矛盾纠纷调解。乡贤是指基层村(居)中具有群众基础、威望较高、为人公道正派、为老百姓认可的贤能人士,通常由基层"老党员、老干部、老军人、老教师、老族长"等"五老"人员构成,具有人熟、事熟、村情熟和德高望重、说话有分量的优势。乡贤在化解村民矛盾纠纷中能抓得准"脉儿"、找得着"根儿"、摸得着"门儿",用老百姓的"法儿"解决老百姓的"事儿"。多年来,村民遇事习惯找乡贤先"评理",乡贤成为乡村治理中不可或缺的自治力量,实现了小事不出村,大事不出镇的"耿集乡贤调解新模式"。

2.3.4.2 贾汪区政府购买法律服务的劣势

贾汪区政府购买法律服务劣势主要是指影响贾汪区政府购买法律服务运行发展的内部消极因素。

1. 政治劣势(PW)

实践中贾汪区政府购买法律服务存在动力不足的情况，基层政府部门职能转变和工作人员观念转变较为滞后，尚未形成政府购买服务的理念。律师、基层法律服务工作者提供法律服务往往带有行政安排的色彩。个别政府部门工作人员认为政府部门作为管理者具有强势地位，律师事务所等法律服务机构配合政府部门提供法律服务是理所应当的，没有必要采取政府购买服务的方式，对政府购买法律服务的必要性和重要性存在质疑，且考虑到政府购买法律服务一定程度上会增加财政压力。上述问题均导致政府购买法律服务在实践中缺乏价值认同。

2. 经济劣势(EW)

近年来，贾汪区经济社会发展面临诸多压力，自"五大行业整合整治"工作[①]开展以来，贾汪区部分企业或关停或搬迁转移，企业职工面临就业安置的难题。贾汪区经济发展、财政税收面临较大挑战，政府购买法律服务的经费来源渠道较为单一，主要依赖财政补贴，又为政府财政带来了较大压力。

3. 社会劣势(SW)

我国政府在购买法律服务的过程中相对处于主导地位，承接主体和服务主体对政府存在不同程度的依附，二者参与的积极性受到抑制，主体价值没能得到充分发挥。具体来说，在购买法律服务的过程中，政府和承接主体本应进行平等协商，但实践中一方面承接主体往往缺乏参与定价的话语权，服务的过程中独立性不足，存在一定的角色冲突；另一方面，公众作为服务对象，本应是政府购买法律服务的价值归宿，但是公众往往是被动接受政府的决策安排，公众参与度明显不足。

[①] "五大行业整合整治"工作指徐州市为调整优化"重化型"工业产业结构，减少煤炭消耗，降低污染排放而对钢铁、焦化、水泥、热电等四大行业进行的布局优化、转型升级以及对化工产业开展的安全环保整治提升工作。贾汪区积极响应徐州市委、市政府号召，大力推进老旧企业拆迁工作，在淘汰落后产能、推动产业布局优化和集聚发展方面取得了显著成绩。

4. 技术劣势(TW)

技术劣势指较低的服务专业程度。由于政府购买法律服务仍处在探索阶段,政府部门作为购买主体严重缺乏购买经验,政府购买法律服务采取市场化运作,与原先的法律服务提供方式相比截然不同,政府购买服务对政府部门的管理能力、相应体制机制建设等都是一种考验。贾汪区政府购买法律服务存在购买流程不规范、服务费用标准低、绩效考评不健全等技术劣势。

2.3.4.3 贾汪区政府购买法律服务面临的机会

贾汪区政府购买法律服务面临的机会主要是指贾汪区政府购买法律服务运行发展面临的外部积极因素。

1. 政治机会(PO)

实践证明,政府购买法律服务的推行和实施,有利于加强法治政府建设,满足人民群众多样化的法律服务需求;有利于充分发挥律师等法律服务队伍的职能作用,不断提升法律服务队伍的服务质量和服务水平,助推法律服务市场健康发展。随着依法治国的深入推进,国家对公共法律服务日益重视,先后出台了一系列文件指导和推进公共法律服务工作。国家鼓励和支持政府购买法律服务的发展,全国各地围绕政府购买法律服务进行了积极探索和实践。在全面依法治国的社会大背景下,贾汪区政府购买法律服务的发展面临着良好机遇。

2. 经济机会(EO)

我国顺利实现了第一个百年奋斗目标,经济发展保持全球领先地位,实现了"十四五"规划的良好开局。但当前我国仍处于经济转型发展的关键时期,迫切需要转变政府职能,由政府直接配置资源转向市场自主调节和配置资源。公共法律服务单由政府提供已经无法满足社会对法律服务多元化的需求,这就需要政府引入法律服务市场的力量,进行公共法律服务供给方式的变革。

3. 社会机会(SO)

现阶段我国社会发展过程中城乡发展不平衡的矛盾较为突出,体现在法律服务领域,表现为法律服务资源在城乡的发展不平衡制约了政府购买法律服务的发展。国家实施乡村振兴战略正是为了弥补农村发展的短板,缩小城乡间的地区差异。当前,贾汪区正在深入实施乡村振兴战略,开展政府购买法律服务能够为实现乡村治理现代化提供更加坚定的法律保障,有助于健全自治、法治、德治相结合的乡村治理体系,走乡村善治之路。

4. 技术机会(TO)

西方发达国家关于政府购买法律服务的实践运作与技术路线已较为完善成熟,可以为贾汪区政府购买法律服务提供一些启示与借鉴。近年来,我国不少地方围绕政府购买法律服务开展了大胆的实践,积累了一些成功经验。大数据时代已然来临,司法行政部门以往在公共法律服务网络平台建设过程中收集了海量原始信息和服务数据,"互联网+法律服务"的推广,使得村(居)法律顾问可利用"法润民生"微信群与村民进行便捷高效的线上互动,这些都从技术层面为贾汪区政府购买法律服务的发展提供了机遇。

2.3.4.4 贾汪区政府购买法律服务面临的威胁

贾汪区政府购买法律服务面临的威胁主要是指贾汪区政府购买法律服务运行发展面临的外部消极因素。

1. 政治威胁(PT)

虽然司法部、财政部印发的《司法部 财政部关于建立健全政府购买法律服务机制的意见》中对政府购买法律服务的内容和范围进行了统一性、原则性的规定,但如何安排预算、预算标准在哪、预算费用多少均缺乏具体的操作指引,导致了实践中政府即使有购买法律服务的相应需求,却因没有相应预算而陷入不知如何操作的尴尬局面。另外,政府购买法律服务具有自身的特殊性,现有法律法规和指导性规定并不完全适用于政府购买法律服务的实践,使得贾汪区政府在购买法律服务时缺乏法律法规的指引和参照。实践中,司法行政机关在申请财政预算或者专项资金时,往往因为无法提供可操作性强的指导性文件,很难得到财政部门的认可。

2. 经济威胁(ET)

近年来,国内外形势错综复杂。2021年12月中央经济工作会议指出,当前我国经济发展面临需求收缩、供给冲击、预期转弱的三重压力。在此大背景下,贾汪区经济社会发展也面临诸多阻力,存在金融风险防范化解不力、政府债务危机加剧等问题,势必会影响政府财政收入,对政府购买法律服务的发展带来一定的威胁和挑战。

3. 社会威胁(ST)

社会组织普遍存在独立性不足、依赖性较强的问题。贾汪区法律服务领域的行业协会发展缓慢且力量较为薄弱,实际运行的基层法律服务社会组织较少,且这类社会组织对政府部门尤其是司法行政部门具有一定的依赖性,实践中并未作为承接主体参与政府购买法律服务的实践。

4. 技术威胁(TT)

因历史原因,贾汪区法律服务资源较为匮乏,法律服务资源配置不均衡不合理,制约了法律服务的供给水平。另外,贾汪区的法律服务队伍存在良莠不齐的现象,个别律师存在违规执业、执业不规范等问题,有的律师事务所的管理理念较为陈旧,内部管理较为松散。贾汪区整体律师、基层法律服务工作者与徐州市区的名优律师相比,对专业知识的深入钻研程度尚有欠缺。

综上所述,贾汪区政府购买法律服务运行的 SWOT-PEST 分析矩阵,见表 2-4。

表 2-4 贾汪区政府购买法律服务运行的 SWOT-PEST 分析矩阵

因素	政治(P)	经济(E)	社会(S)	技术(T)
优势(S)	贾汪区为提升公共法律服务水平开展了大量实践和探索,在政府购买法律服务领域积累了一定的实践经验	政府作为购买主体具备强大的购买力	贾汪区非营利性组织发展快速且独具特色,提供了坚实的社会基础	近年来,贾汪区大力发展公职律师,引进优秀律所和法律服务人才,法律服务队伍迅速壮大
劣势(W)	政府购买动力不足,基层政府部门职能转变和工作人员观念转变较为滞后	贾汪区经济发展、财政税收面临重大挑战,政府购买法律服务的经费来源渠道较为单一,为财政带来较大压力	政府在购买法律服务的过程中相对处于主导地位,承接主体的积极性受到抑制,社会公众参与不足	政府购买法律服务仍在摸索阶段,缺乏购买经验,存在购买流程不规范、服务费用标准低、绩效考评不健全等问题

表 2-4(续)

因素	政治(P)	经济(E)	社会(S)	技术(T)
机会(O)	国家鼓励和支持政府购买法律服务的发展,全国各地开展了不少探索和实践,贾汪区政府购买法律服务面临着良好的发展机遇	我国处于转变经济发展方式、优化经济结构、转换增长动力的攻关期,迫切需要切实转变政府职能,减少政府对资源的直接配置	党的十九大报告提出要实施乡村振兴战略,政府购买法律服务能够为实现乡村治理现代化提供更加坚定的法律保障	司法行政部门在公共法律服务平台建设过程中已收集海量数据,可利用"法润民生"微信群与村民线上互动
威胁(T)	国家尚未出台专门针对政府购买法律服务的法律法规,现有经费保障类政策文件缺乏可操作性	贾汪区经济发展面临诸多阻力,存在金融风险防范化解不力、政府债务危机加剧等问题	行业协会发展缓慢且力量薄弱,社会组织独立性不足,对政府较为依赖	贾汪区法律服务资源配置不均衡,农村和偏远地区的法律服务资源欠缺

2.4 贾汪区政府购买法律服务存在的问题

2.4.1 政府:运行机制不完善

2.4.1.1 选聘形式不规范

作为一种市场化手段的应用,政府购买法律服务本应在双方平等自主的条件下展开,通过招标、投标和协商等公平、公开、公正的竞争方式来确定承接主体。但由于律师事务所、基层法律服务所等社会力量先天发育不足,缺乏与政府平等协商的能力,贾汪区政府购买法律服务往往并非基于契约式的平等协商[①],而是通过内部推荐,采取定向购买的方式委托给法律服务机构或个人。这种非公开竞争的选聘形式导致政府购买法律服务从购买环节就缺乏公开有效的监督,不利于筛选出业务能力匹配的承接主体,影响了购买服务的质量,甚至对政府的公信力造成了负面影响。

以村(居)法律顾问的选聘为例,从 2018 年开始,法律服务机构和村

---

① 张怡歌.政府购买公共法律服务的异化与法治化破解[J].法学杂志,2019,40(2):133-140.

(居)就通过签订服务协议的方式,指派律师或基层法律服务工作者为村(居)提供法律服务。尽管合同签订的双方自始至终都没有出现司法行政机关,但在实际操作过程中,还是由司法行政机关直接决定每个村(居)的承接主体,没有事先征求法律服务机构及村(居)委会的意愿,承接主体和服务对象只能被动接受安排。

另外,政府法律顾问的选拔聘用也没有采用公开招标、公平竞争的形式,而是习惯采取内部推荐的方式,选聘形式规范性不足。在实际选拔过程中过于注重"职务""头衔"等行业评价和社会影响力,担任政府法律顾问的大多是从业经验丰富、执业年限较长的知名律师,给予青年法律人才的机会偏少。[①] 截至 2022 年年底,贾汪区政府共聘请 6 名法律顾问,其中律师事务所主任及合伙人 4 人,占比高达 66.7%;贾汪区乡镇(街道)政府聘请法律顾问共 12 名,其中律师事务所主任及合伙人 11 人,占比 91.7%,个别律所主任的法律顾问业务已覆盖半数以上的乡镇(街道)政府。但在访谈中发现,政府部门的工作人员对政府法律顾问的业务能力并不满意,认为政府法律顾问专业性不足,服务质量和水平有待提升。

2.4.1.2　经费投入不充足

贾汪区政府购买法律服务在经费投入方面明显不足,具体体现在以下三个方面。

1. 经费来源渠道单一

政府购买法律服务离不开稳定强大的经费保障,但目前政府购买法律服务的经费渠道单一,主要依赖政府财政拨款。财政拨款尚存在分布不均的现象,区(县)级的财政状况尚显紧张。经费来源渠道单一,存在经费保障无力的风险。

以法律援助工作为例,法律援助目前已被纳入国家基本公共服务,明确由地方人民政府负责支付法律援助补贴等法律援助经费,中央财政给予适当补助。按照法律援助案件年办案量占当地常住人口总数不低于 15‰ 的要求,根据徐州市统计局 2022 年度统计数据,贾汪区现有常住人口约 45.12 万人,贾汪区年均办理法律援助案件约 700 件,按照 800~1 000 元/件的补

[①] 张云君.完善政府法律顾问管理机制的思考[J].法制博览,2020(12):182-183.

贴标准,每年法律援助工作需要56万~70万元的经费保障。近年来,财政拨款尚能满足法律援助所需经费。但由于地方财政收入具有不稳定性,经费补贴的发放往往存在延迟的现象。除法律援助项目外,其他各项公共法律服务项目还未纳入国家基本公共服务体系,仅仅属于社会管理方面的一般公共服务。与法律援助项目相比,这些项目的工作经费更加无法得到保障。

2. 政府单方定价且标准过低

贾汪区政府购买法律服务往往是通过行政命令来完成的,购买主体和承接主体的地位和力量悬殊,整个购买过程由政府来主导。司法行政机关承担着指导、监督法律服务机构的业务职能,对于法律援助、村(居)法律顾问等服务的购买处于管理者的优势地位,而律师事务所、基层法律服务所作为承接主体在提供法律服务的过程中需要付出大量的时间和精力,虽然有权利获得报酬,但作为管理对象缺乏参与定价的话语权,这就导致政府对定价过程具有很大的决定权,定价标准难免存在随意性,存在缺乏综合考虑法律风险程度、承接主体的专业水准、法律服务的投入成本等多种因素的现象,一定程度上抑制了承接主体参与服务的积极性。[①]

有受访执业律师说:"一般情况下,律师代理民事案件收费标准均不少于3 000元/件,而法律援助案件办案补贴标准仅有800~1 000元,且法律援助中心对案件卷宗质量要求很高,结案后还需要耗费较多精力完成整理卷宗的工作,对于我们来说法律援助案件着实缺乏吸引力。"实践中,对于疑难复杂案件,因服务成本过高,律师需耗费较多的时间精力,办案补贴与服务成本差距过大,很多律师表示不愿意代理,法律援助中心偶尔会遇到无人愿意接受指派的尴尬情况。

除法律援助案件补贴标准过低外,村(居)法律顾问对工作补贴的发放情况也并不满意。与村(居)自行聘请的法律顾问年收费至少1万元相比,区司法行政机关指派的村(居)法律顾问每年服务费用合计不足2 500元,远

---

① 王旭伟,常雪峰.政府购买公共法律服务存在的问题及解决路径研究[J].辽宁公安司法管理干部学院学报,2021(5):80-86.

远低于市场标准,这对律师而言着实缺乏吸引力。① 如果再除去交通、用餐、通信等各项支出,补贴已所剩不多,加上从事村(居)法律顾问工作会占用较多的时间精力,许多律师会因此产生排斥感,在很大程度上影响了法律服务质量。

有受访政府法律顾问说:"政府法律顾问需要付出大量的时间精力参与政府行政应诉、重大决策合法性审查等工作,很多时候需要配合、服从政府的要求,参与研讨会撰写法律意见书,加班是常态。"与代理诉讼案件相比,律师担任政府法律顾问的服务费用同样低于行业收费标准,一定程度上降低了政府法律顾问工作的积极性和参与度。有的律师担任政府法律顾问的出发点是为了借机扩大社会影响,从而进一步扩展案源,这便与政府法律顾问制度的初衷相去甚远。②

3. 定价标准"一刀切"

法律服务的定价标准取决于服务提供者的个人业务能力、资历经验等多种因素,这就要求补贴标准能够因人而异,根据服务内容和成本进行分级定价。法律援助中心制定办案补贴标准动态调整机制,可以根据案件的实际情况对补贴标准进行调整,补贴的发放机制上比较灵活,对于普通援助案件,补贴标准不低于 800 元/件;对于在外地审理的案件,单独补贴差旅费用;对于劳动争议等群体性案件,在 800 元/件基础上,每多增加一个受援人增加 200 元办案补贴。

相比之下,村(居)法律顾问、政府法律顾问等工作的补贴发放存在一刀切的现象,灵活性不足。例如,村(居)法律顾问工作的补贴发放标准为每人每村固定发放工作补贴 100 元/月,法治讲座每次补贴 50 元。但每个服务对象的情况不同,有些村(居)靠近主城区,交通比较便捷;有些村(居)相对偏远,开车往返 1 次需要 1 小时,坐公交则需要花费更长时间。同样的服务内容,每个村(居)法律顾问付出的交通成本和时间精力存在很大差异,工作补贴的发放却存在"一刀切"现象,没有兼顾和平衡每个人的需求。访谈中发现,大部分村(居)法律顾问对补贴发放"一刀切"的情况表示不满。

---

① 贾汪区法律服务行业关于非诉讼法律服务的收费标准普遍不低于 200 元/小时,若每月入村(居)提供 8 小时法律服务,则每人每年应至少收取 19 200 元的法律服务费用,远高于目前村(居)法律顾问的服务补贴标准。

② 余绪鹏.新时代政府法律顾问制度的实践与完善[J].领导科学,2019(16):20-23.

2.4.1.3 监督考评不健全

1. 事前项目审查存在漏洞

事前阶段指从制定购买项目计划到明确承接主体的阶段。购买部门通常要将拟购买法律服务项目的服务内容、可行性及风险、承接主体资格条件、经费预算数额等制定申请书报送贾汪区政府,由贾汪区政府予以审核裁定。

购买部门对于拟购买的法律服务项目具有较大的自由裁量权,申请经费预算多少和承接主体的指派均由购买部门自行拟定,缺乏正规的事前审查机制。除了依靠工作人员自觉和内部人员互相监督外,只能依靠事后监督进行弥补,滞后性较强。[①]

2. 事中监管反馈存在缺陷

有受访村(居)法律顾问说:"村(居)法律顾问开始打卡和结束打卡的地点必须是在村(居)委会,有效服务时间限制在早上七点半到晚上六点半,其他时间打卡都是无效的。有时候我们在村里服务,晚上还会加班,却不能算作有效服务时间。而有时候村里没什么事,不需要我们提供服务,但按照要求每月必须驻村服务满8小时,因为工作日经常需要开庭或出差,我们只好抽出周末休息时间专门去村里跑一趟。"

按照要求,法律顾问要在"江苏掌上12348"微信公众号上登录进行服务打卡,上传法律咨询记录和法治讲座照片等,每月入村服务打卡至少8小时,每季度开展1次法治讲座,每月由司法行政机关和乡镇司法所工作人员督促法律顾问按时完成并对每月服务情况进行考评。使用手机打卡的方式虽然实现了由线下考评到线上考评的转变,但对于服务时间、打卡地点和操作能力的要求较高,灵活性存在欠缺,没有充分考虑实际情况,比如有些村(居)法律顾问年纪较大不会使用手机操作、服务系统不够稳定、操作中技术故障较多等,反而增加了考评成本。监督考评灵活性不足、方式手段形式化等,容易导致"为了打卡而打卡"的现象。

整体而言,在项目服务过程中过程监管机制尚未建立、对承接主体的服务过程缺乏有效监管,导致承接主体在法律服务的过程中可能会自行降低

[①] 刘鑫.司法行政机关购买公共法律服务的问题及对策研究:以济南市历城区为例[D].济南:山东师范大学,2021.

工作水准和要求,服务质量大打折扣。

具体来说,事中监管环节主要存在以下问题。一是忽视了服务对象的反馈。尽管法律顾问的服务对象是村(居),但在考评过程中却没有村(居)的参与,考评环节过于注重线上打卡忽视了服务对象的评价。二是评价标准注重数量而非质量。迫于上级司法行政部门的绩效考评要求,现有考评方式更加注重村(居)法律顾问的服务时长是否达标,忽视了对服务质量的评价,这种考评倾向使得法律顾问更倾向于将服务视为"任务",存在"为了打卡而打卡"的现象,违背了考评制度的公共价值追求。

3. 事后考评验收流于形式

服务项目结束后的考评验收环节作为政府购买法律服务过程中至关重要的一环,既是对工作成效的反馈,也能促进承接主体之间良性竞争,不断提升服务质量。建立科学的服务质量考评机制,能够帮助政府评判服务质量的优劣、鞭策承接主体不断提升服务水平,有利于筛选出更高水平的承接主体,对政府购买法律服务的过程进行动态调整。

实践中,贾汪区尚未建立科学完善的服务质量评估标准,除法律援助工作的服务质量评估机制较为健全外,其他的政府购买法律服务事项在服务质量评估环节均存在形式化的倾向,评估程序过于简单,未进行充分的评估验收。以政府法律顾问的考评工作为例,虽然建立了服务质量评估的相关机制,但是操作中流于形式,验收环节存在"走过场"的现象。只要法律顾问提供了法律服务,无论服务质量和效果如何,政府都会"买单",法律顾问无从知晓服务效果和评价,从而无法改进服务。如此一来,高质量的法律服务提供者付出了更多的时间和精力,却与低质量的法律服务提供者获得相同的报酬,在经济理性人的原理下,高质量的服务提供者会主动降低服务成本,最终产生"劣币驱逐良币"的现象。[1]

整体而言,贾汪区在政府购买法律服务的考评验收过程中,政府角色定位比较混乱,存在既当"运动员"又当"裁判员"的情况,对承接主体提供服务的考评验收流于形式;没有形成系统全面的评估验收标准,评估的主观性、随意性较大,无法有效衡量政府购买法律服务的成效。

---

[1] 杨凯,郑振玉,王丽莎.论公共法律服务考评体系与定价体系的契合[J].法治论坛,2020(2):111-122.

2.4.2 市场：服务供给不充足

2.4.2.1 服务意愿不足

律师、基层法律服务工作者参与公共法律服务带有行政安排或行政强制的色彩，参与服务的意愿并不高。有些律师认为参与政府购买法律服务是浪费时间和精力，将政府的安排仅当作一项摊派任务去完成，服务效果往往不尽如人意。

以法律援助案件办理为例，截至 2022 年年底，贾汪区现有律师事务所 8 家，从业人数 123 人，其中执业律师 85 人，但入选法律援助中心人才库办理法律援助案件的执业律师仅有 11 人，占全区执业律师总数的 12.9%，大部分具有丰富从业经历的执业律师很少办理法律援助案件。贾汪区法律援助律师人才库年龄构成情况见图 2-5，贾汪区法律援助律师人才库执业年限构成情况见图 2-6。由图 2-5 和图 2-6 可知，年龄 30~40 岁、执业年限 10 年以下的中青年律师是法律援助人才库的中坚力量。中青年律师的执业年限较短，与办案经验丰富的资深律师相比案源较少，办理法律援助案件能够在保障生存的同时积累办案经验。

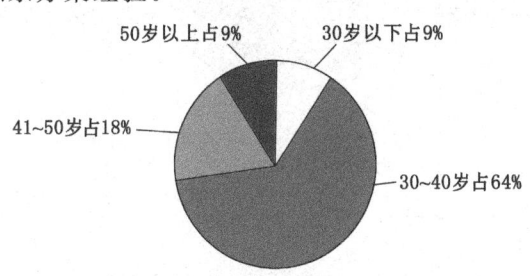

图 2-5 贾汪区法律援助律师人才库年龄构成情况

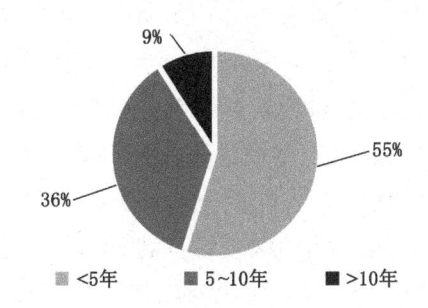

图 2-6 贾汪区法律援助律师人才库执业年限构成情况

截至 2022 年年底，贾汪区现有基层法律服务所 9 家，基层法律服务工作者 31 人。由于执业限制，基层法律服务工作者不能代理刑事案件，仅能代理民事案件，与律师相比，基层法律服务工作者参与法律援助案件代理的意愿不足，参与代理法律援助案件的基层法律服务工作者仅有 3 人，参与率仅占全区基层法律服务工作者的 9.7%。

与法律援助参与度不足的情况相比，村（居）法律顾问的参与度更高一些。贾汪区每个村（居）均配备 1 名村（居）法律顾问，达到了村（居）法律顾问全覆盖。贾汪区村（居）法律顾问人员构成情况见图 2-7。除 9 个村（居）的法律顾问由其自行聘请外，其余各村（居）均由区司法行政机关指定，辖区内 36 名执业律师、21 名基层法律服务工作者参与村（居）法律顾问工作，平均每人服务 2~3 个村。贾汪区共有 85 名执业律师和 31 名基层法律服务工作者，从事村（居）法律顾问工作的执业律师和基层法律服务工作者的参与率分别为 42.4% 和 67.7%。

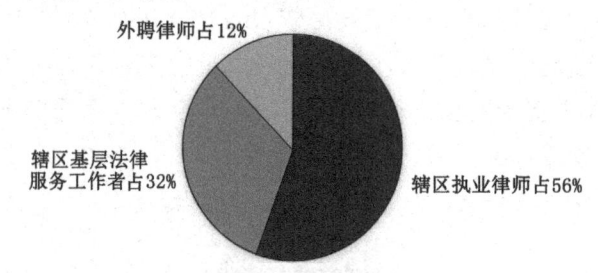

图 2-7 贾汪区村（居）法律顾问人员构成情况

2.4.2.2 供给与需求不匹配

目前贾汪区政府法律顾问大部分是律师事务所主任，虽然他们具备丰富的办案经验和一定的社会影响力，但专业能力与政府的法律服务需求并不完全匹配。实践中执业律师多代理民商事和刑事案件，而政府履职所需辅助性法律服务多以行政法和行政诉讼为主，现有政府法律顾问中擅长行政法和行政诉讼领域的很少，有些政府法律顾问缺乏相关专业知识和经验。

以政府部门的合法性审查工作为例，政府部门的行政规范性文件和重大行政决策涉及财税金融、环境保护、城乡建设、教育卫生、安全生产、劳动就业等许多方面，法律顾问需要熟悉国家法律法规、部门规章和规范性文件等，对自身专业素养和能力要求较高。法律顾问应在精通行政法等法律专业的基础上,深入了解行政机关的组织结构、运行规律及政府涉法涉诉事务的需求。但在实践中,受自身专业限制,法律顾问对机关具体业务了解不深,导致在提供法律服务的过程中往往就法条解释法条,解决实际问题的效果不佳。[①] 此外,由于律所事务所主任各方面事务比较繁杂,身为执业律师还要承办各类诉讼案件、管理律师事务所,政府法律顾问身兼数职、时间精力有限,服务质量难以保证。

2.4.2.3 供给质量不高

自2017年刑事案件律师辩护全覆盖试点工作开展以来,贾汪区作为试点地区之一积极开展试点工作。2018—2021年贾汪区法律援助中心办理的援助案件总数大量增加,2021年贾汪区法律援助中心法律援助案件总数较2018年翻一番还多。2018—2021年贾汪区法律援助中心案件办理情况见图2-8。

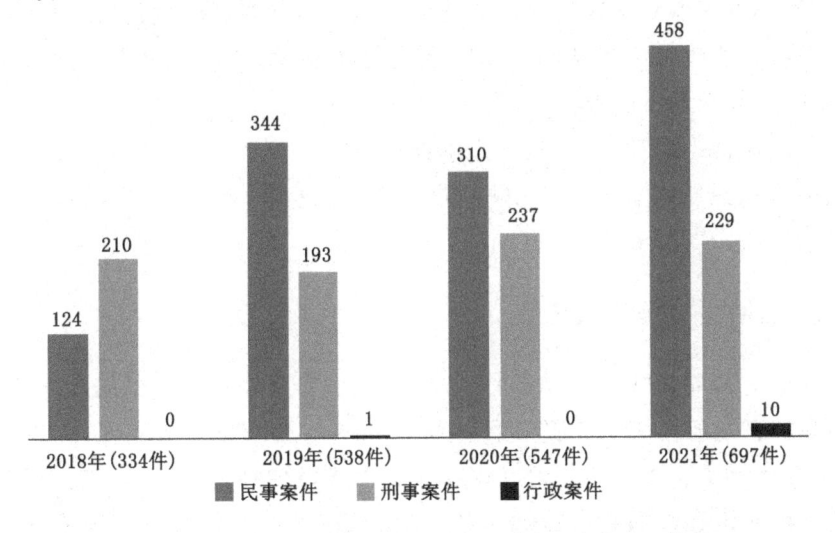

图2-8 2018—2021年贾汪区法律援助中心案件办理情况

法律援助的服务质量整体较好,获得了社会各界的一致肯定。贾汪区法律援助中心多次获得省、市级荣誉称号,报送的法律援助案件从2018—2020年连续3年被评为江苏省法律援助十大优秀案件、江苏省法律援助十大好案件。

---

① 俞四海.党政机关法律顾问功能发挥的实践检视与优化路径[J].领导科学,2020(20):106-109.

与法律援助相比,村(居)法律顾问的服务质量则不令人满意。自实施线上服务打卡以来,强制性要求法律顾问要服务打卡满8小时,这使得法律顾问在忙碌的工作之余,每个月要投入更多的时间精力为村(居)服务。在实际服务过程中,每个法律顾问的工作量和服务质量差异较大,有些村(居)法律顾问积极性比较高,可以同时兼顾自身业务和顾问工作,受到当地村民的好评;而有些村(居)法律顾问工作积极性不高导致服务质量不高,处于偏远村(居)的法律顾问有时难免怨声载道,甚至个别的法律顾问只打卡不提供法律服务。

政府法律顾问的服务质量同样参差不齐,有的政府法律顾问专门从事非诉讼法律事务,能够专注从事政府法律顾问业务,其服务质量和水平得到了服务对象的肯定;有些政府部门聘请的法律顾问担任律师事务所主任的职务,除了要承办各类诉讼案件,还要进行律所管理,身兼数职,时间精力有限,行政应诉等事务往往交给本所其他律师代为参与,导致服务质量大打折扣;另外,有些政府法律顾问并非辖区内的执业律师,由于距离远服务成本高,实际上并未开展服务。

整体而言,贾汪区政府购买法律服务的服务质量参差不齐,法律援助工作的服务质量相对较好,但是村(居)法律顾问和政府法律顾问的服务质量效果欠佳。

2.4.3 社会:公众参与度低

在政府购买公共法律服务的运行过程中,公众是必不可少的参与主体,但在贾汪区政府购买法律服务的过程中,公众参与程度严重不足,无论是购买、服务还是反馈评价环节均以政府为主导,由政府部门独立决策。贾汪区政府事前并没有就购买法律服务的内容、承接主体等相关事项同公众进行协商对话,听取公众的意见和需求,公众往往处于被动接受的地位,导致公共法律服务的质量和效果欠佳。

以村(居)法律顾问工作为例,除少数村(居)单独聘请辖区外的律师担任法律顾问外,大部分没有单独聘请法律顾问的村(居)均被区司法行政部门指派一名法律顾问提供法律服务,而村(居)委会干部对于承接主体的选择事先并不知晓,对村(居)法律顾问制度也缺乏了解。由于村(居)委会不需要支付服务费用,有些村(居)委会干部认为法律顾问应付了事,遇到问题并不会求助于村(居)法律顾问。

另外,随着青壮年劳动力外出,农村地区留守在家的主要为妇女、儿童和老年人,农村社会演化为"空巢社会",在一年中的大部分时间里,农村社会的主体成员空缺,参与村庄常规治理的往往是老年人、妇女等弱势群体。有村(居)委会干部反映,老人和妇女在农村公共事务的处理应对方面通常做不了主。[①] 受到农村社会"空巢化"的影响,公众的参与程度往往有限。政府购买法律服务的初衷是为了满足公众的法律需求,但实践中公众参与度低,实际效果并不理想。

以村(居)法律顾问开展的法治讲座活动为例,法律顾问作为法治讲座的主讲人,要提前准备讲座内容和相关法律案例,通过普法宣讲和互动交流,提高村(居)民的法律意识和依法维权能力。但实践中村(居)民缺乏参与和组织意愿,影响了村(居)法律顾问的积极性和讲座的实际效果。法治讲座的观众多以老年人为主,很多老年人文化水平普遍较低,使得普法讲座的效果大打折扣。对于村(居)民来说,公益普法讲座本应是一次难得的学习机会,但是有些村(居)民文化水平和维权意识不足,对法治讲座缺乏兴趣,村(居)委会干部只好发放一些"纪念品"吸引观众参加。另外,村(居)委会干部作为讲座的组织者,应当积极配合法律顾问,组织村(居)民参与讲座,但实践中有的村(居)委会干部忙于村务,无暇组织讲座,打击了村(居)法律顾问工作的积极性。有不少村(居)法律顾问在访谈时十分无奈,公众参与不足,服务效果和预期相差甚远。

2.5 贾汪区政府购买法律服务所存问题原因分析

政府购买法律服务的运行过程存在三方主体,分别是购买主体(政府)、承接主体(市场)和服务对象(社会),三方主体相互影响相互作用,构成了贾汪区政府购买法律服务的运行模式。根据政府购买法律服务的运行模式,本节将从购买主体、承接主体和服务对象这三个角度来分析贾汪区政府购买法律服务存在问题的具体原因。

---

① 陆益龙.后乡土中国[M].北京:商务印书馆,2017.

2.5.1 购买主体存在缺陷

在政府购买法律服务的过程中,政府处于相对主导的地位,导致政府购买法律服务的运行机制不完善,即"政府失灵"。

2.5.1.1 政府主导的格局

1. 政府主导整个过程

我国处在社会转型期,政府作为一个高度组织化的公权力代表支配了大部分的社会资源,行政权力居于社会治理的中心地位。[①] 政府部门承担着公共法律服务的供给责任,是决定公共法律服务供给的关键因素,在购买、服务和评价各个环节始终居于强势地位。购买主体、承接主体与服务对象三者存在力量悬殊,整个购买过程由政府主导,承接主体和服务对象对政府存在不同程度的依附。这导致承接主体和服务对象参与的积极性受到抑制,主体能动性得不到充分发挥。

2. 承接主体居弱势地位

在政府购买法律服务的过程中,政府和承接主体本应进行平等协商,但由于司法行政机关承担着指导监督法律服务机构的职能,政府部门在政府购买法律服务的过程中处于管理者的强势地位,而法律服务机构作为管理对象则处于弱势地位,具体表现在政府购买法律服务的定价环节。政府购买法律服务由政府部门单一定价,法律服务机构缺乏定价的话语权,实践中服务补贴标准远低于市场标准。定价标准不合理,很大程度上抑制了承接主体的参与意愿,影响了法律服务的质量和效果。承接主体与购买主体之间并非是平等合作的关系,承接主体依赖并依附于购买主体。

3. 社会公众被动接受服务

社会公众作为服务对象,本应是政府购买法律服务的价值归宿,但是社会公众在政府购买法律服务的过程中往往被动接受政府的决策安排。无论是购买、服务还是反馈评价环节均以政府为主导,由政府部门独立决策。政府事前并没有就购买服务的内容、承接主体等相关事项同社会公众进行协

[①] 张怡歌.政府购买公共法律服务的异化与法治化破解[J].法学杂志,2019,40(2):133-140.

商对话,听取社会公众的意见和需求,使得政府购买法律服务成为一种不对称的单向互动过程。这种单向的服务模式既不利于准确获取社会公众的公共法律服务需求,也不能充分调动社会力量及各类资源自主参与到公共法律服务过程中。

2.5.1.2 顶层设计不完善

1. 法律法规不健全

虽然司法部、财政部印发的《司法部 财政部关于建立健全政府购买法律服务机制的意见》中对政府购买法律服务的内容和范围进行了统一性、原则性的规定,但如何安排预算、预算标准在哪、预算费用多少均缺乏具体的操作指引。这导致了实践中政府即使有相应需求却没有相应预算而陷入不知如何操作的尴尬局面。①

国家出台的《政府采购法》虽然对政府的各项采购行为进行了详细规定,但是《政府采购法》出台时公共法律服务建设尚处在萌芽阶段,官方对公共法律服务的概念尚无准确定义。因此,《政府采购法》未能涵盖政府购买法律服务的相关问题。后续出台的《政府购买服务管理办法》《国务院办公厅关于政府向社会力量购买服务的指导意见》等文件,都是对包括教育、医疗等涵盖所有公共服务购买机制的指导性规定,但是这些法律法规和指导性规定覆盖面过于宽泛,针对的是各种公共服务类型的购买,对政府购买法律服务的实施缺乏针对性指导。由于政府购买法律服务具有自身的特殊性,上述法律法规和指导性规定并不完全适用于政府购买法律服务的实践。

2. 经费保障类政策可操作性差

落实实体的资金保障制度,能激发政府购买的内在动力,是经费保障类政策有效实施的重要支撑。② 作为一项购买行为,政府购买法律服务对经费保障类指导性文件的依赖性较强。在申请政府购买法律服务的工作经费时,必须要向同级财政部门明确提供与之配套的经费保障法律法规或者红头文件。虽然在国家层面上,各个公共法律服务项目的经费保障基本都有政策文件支撑,但在财政保障、资金来源、使用管理方面仅有框架性的指导

---

① 刘晓琳.政府购买公共法律服务研究:以城管执法"律师驻队"为例[D].兰州:兰州大学,2020.
② 韩雅童.中国政府购买法律服务制度结构研究[D].乌鲁木齐:新疆财经大学,2019.

意见,省、市两级地方政府对于购买法律服务的经费保障也没有进一步地明确和细化。实践中,司法行政机关在申请财政预算或专项资金时,往往因为缺乏可操作性强的指导性文件而很难得到财政部门的认可。

另外,缺乏与定价相关的政策规范和公开的服务定价规则,服务价格不以成本测算为基础,导致定价非常不合理①,远低于同等服务内容在法律服务行业的市场平均水平。承接主体获得的收益和报酬也远远低于市场价值。长此以往,不仅会影响律师提供服务的积极性,容易出现敷衍了事、服务质量不高等情况,也会影响服务的质量和效果。

2.5.2 承接主体存在缺陷

市场并非是万能的。在政府购买法律服务的过程中,市场调节机制的固有缺陷、成熟的法律服务市场尚未形成、法律服务资源配置不均衡等原因,导致了政府购买法律服务的过程中法律服务供给不充足,即"市场失灵"。

2.5.2.1 市场调节机制的固有缺陷

公共服务多元供给理论认为,市场这只看不见的手有其固有的功能缺陷,"市场失灵"普遍存在于公共产品和服务的供给方面,单独依靠市场来提供公共产品和服务不足以满足社会需求。由于公共产品和服务具有消费的非排他性和非对抗性特征,只要有公共产品和服务的存在,所有人都可以消费,即公共产品和服务的供给无法排除不付费的消费者,这与市场的趋利本质背道而驰。

政府购买法律服务不仅有利于减轻政府财政压力,促进法律服务资源合理配置,也有利于打破政府垄断公共法律服务供给的模式,推动公共法律服务供给的多样化。但市场机制下的公共法律服务供给也存在局限性,作为"经济人"的市场主体始终以谋求自我利益最大化为目标。律师事务所、基层法律服务所等法律服务机构作为法律服务市场的参与主体,始终以营利为目的,而公共法律服务具备公共服务的价值属性,与市场主体的趋利属性在本质上是矛盾的。律师、基层法律服务工作者等承接主体之所以缺乏

---

① 杨凯,郑振玉,王丽莎.论公共法律服务考评体系与定价体系的契合[J].法治论坛,2020(2):111-122.

参与服务意愿,正是市场主体的逐利属性与公共法律服务"公益性""公共性"的价值追求存在不可避免的利益冲突与矛盾,导致了政府购买法律服务过程中的"市场失灵"现象,例如承接主体参与意愿低、服务质量效果欠佳等。

2.5.2.2 成熟的市场体系尚未形成

公共法律服务的专业性较强,其中大部分公共法律服务事项都需要律师和基层法律服务工作者的参与。成熟发达的法律服务市场能够为公共法律服务的供给提供充足的法律服务人才储备,从而保证法律服务的质量。西方发达国家的法律服务行业起步早,市场发展整体较为成熟,培育了充足的法律服务人才,形成了充分的法律服务竞争市场。我国的法律服务行业发展相对较为滞后,20世纪70年代末才恢复律师制度,法律服务市场发展时间短、市场主体发育尚不成熟、承接主体相对缺失、法律服务市场竞争机制尚不健全,导致政府购买法律服务以非公开的选聘为主,缺乏监督。

一是公职律师未充分发挥作用。公职律师指在本单位从事法律事务的机关公职人员。与律师事务所的专职律师相比,公职律师熟悉单位和行业内的政策法规,实践经验较为丰富。但公职律师受到职业身份的限制,无法担任政府购买法律服务的承接主体,造成了一部分法律服务资源的闲置。

二是兼职律师队伍较少。兼职律师是指不脱离本职工作,兼职从事律师职业的人员,与专职律师享有同等的权利和义务。兼职律师可以接受他人的委托或指派从事有偿法律服务,可以作为政府购买法律服务的承接主体提供法律服务。贾汪区政府法律顾问主要由执业律师担任,缺乏在高等院校和科研机构中从事法学教育和研究工作的法学专家。法学专家长期在高校从事法学研究工作,法学理论素养深厚,能够运用系统的理论为政府决策提供理论指导,可以与实践经验丰富的专职律师形成优势互补。贾汪区缺乏法学专家从事兼职律师或政府法律顾问工作。

三是第三部门缺失。公共服务多元供给理论认为,既然任何单一的供给模式都无法充分满足社会对公共服务的需求,那么只有在公共服务供给领域进行市场化、社会化和多元化的改革,才能真正摆脱公共服务供给困境。贾汪区法律服务领域的行业协会发展缓慢且力量较为薄弱,实际运行的仅有1家基层法律服务工作者协会。该协会名为徐州市贾汪区基层法律服务工作者协会,成立于2016年,会员为全区的基层法律服务工作者,财务管理和日常运行独立于区司法行政部门。该协会的运作经费主要来源于全区基层法律服务工作者缴纳的会费[①],经费主要用于业务培训、行业交流等。整体而言,该协会成立时间不长,对政府部门尤其是司法行政部门仍有一定的依赖性,实践中并未作为独立的承接主体参与政府购买法律服务的实践。

2.5.2.3 法律服务资源配置不均衡

贾汪区历史上曾是"百年煤城",煤炭资源枯竭后面临转型发展的压力,人才资源更多地流向主城区等人口密集、经济发达、基础配套设施完善的区域。贾汪区由于地理位置偏远,法律服务资源向主城区流失的现象比较严重。2018年之前,贾汪区仅有2家律师事务所,执业律师不足30人,法律服务资源比较匮乏,这在很大程度上制约了法律服务供给的质量和水平。

2019年,江苏省制定了《江苏高水平全面建成小康社会统计监测实施方案》,将每万人拥有律师数[②]纳入对区(县)全面建成小康社会的考评指标。为扩大法律服务队伍规模,贾汪区通过制定扶持律所发展的优惠政策、发展公职律师队伍、从市区引进优秀律所和人才等措施,大力发展法律服务队伍。经过连续4年的努力,截至2022年年底,贾汪区共有8家律师事务所,9家基层法律服务所,基层法律服务工作者31人,律师总数123人(其中执业律师85人,法律援助律师3人,公职律师35人)。贾汪区常住人口总数约为45.12万人,每万人拥有律师数达到了2.73,法律服务资源匮乏的情形得到了一定程度的缓解。

但是,贾汪区现有法律服务资源城乡分布不均衡的现象依然存在,8家律师事务所的住所地均在贾汪城区和徐州市区。2022年,贾汪区共有乡镇街道12个(含1个省级工业园区、1个现代农业产业园区),拥有基层法律服务所的乡镇仅有3个,占总数的25%。2022年贾汪区法律服务资源分布见表2-5。总体来看,贾汪区农村地区法律服务资源依然匮乏,难以满足法律

---

① 2023年之前法律服务所会费每年1 000元,个人会费每人500元,由各县(区)法律服务工作者协会(简称各县(区)法工协会)收缴后向徐州市法律服务工作者协会(简称市法工协会)上交一半,其余由各县(区)法工协会自行管理使用;自2023年开始,市法工协会不再收取法律服务所会费,仅收取个人会费,每人每年800元,各县区法工协会根据各地情况自行收取会费以保障协会运行。

② 每万人拥有律师数指每一万人中拥有律师的数量,计算公式为:每万人拥有律师数=律师工作人员/年末常住人口×10 000。

服务需求。

表 2-5　2022 年贾汪区法律服务资源分布表

地域	律师事务所	从业人数	基层法律服务所	从业人数
城区所	8家	123人	6家	24人
乡镇所	0家	0人	3家	7人
合计	8家	123人	9家	31人

法律服务资源配置不均衡无形中增加了承接主体的服务成本,使得承接主体的选择以辖区内的法律服务机构为主。很多村(居)法律顾问在访谈中表示,更倾向于选择距离城区较近或靠近市区的村(居),一方面可以节省交通和时间成本,另一方面距离城区较近或靠近市区的村(居)往往经济发展状况比较好,有可能衍生出更多的业务和案源,带来更多收益。这就导致在村(居)法律顾问选聘环节的一个矛盾,即一方面承接主体更倾向于就近选择服务对象,另一方面购买主体又要求推进村(居)法律顾问全覆盖,全区范围内每一个村(居)都要配备为之服务的法律顾问。如果不采取司法行政机关直接指派的方式,偏远地区大概率没有法律顾问,公众的法律服务需求将难以保障。

另外,由于贾汪区法律服务队伍规模有限,承接主体数量不足,平均每人要兼任2~3个村(居)的法律顾问,工作量较大。按照要求,法律顾问每人每月要驻村(居)服务满8小时,每季度举办1次法治讲座。故每一个村(居)均需要法律顾问投入很多时间和精力,但在现有模式下村(居)法律顾问入村(居)提供法律服务很难得到深入开展。

2.5.3　服务对象存在缺位

政府购买公共法律服务与政府购买履职所需辅助性法律服务相比,二者的主要区别在于服务对象的差异。公众是公共法律服务供给过程中必不可少的参与主体,但公众参与意愿缺乏、参与能力不足等原因,导致公众的参与程度明显不足。

2.5.3.1　公民主体意识缺乏

新公共服务理论倡导通过公民参与和协商对话构建公民权利,增进相互信任和提升能力。对权利的正确认知并不一定能带来较高水平的实际参与[1],在参与权利与参与活动之间存在着鸿沟。公众的参与意愿是连接参与权利与参与活动的桥梁,是将参与权利转化为参与行动的主观动力。[2]

我国几千年来封建传统思想中臣民意识、官本位思想在很大程度上仍然影响着人们的政治参与和公共事务管理。在农村地区,村民的综合素质和文化水平较低,访谈中很多村民普遍认为自己参与与否无关紧要或是没有必要参与,对社会公共事务的管理缺乏热情表现淡漠,公民主体意识和权利意识普遍较为欠缺。

2.5.3.2 公众参与能力不足

制约公众参与政府购买法律服务的主要原因在于公众的参与能力不足。公众的参与能力主要包括四个方面:一是辨识能力,即对政府购买法律服务及政府决策的认知、感受与判断能力;二是遵从制度化程序的能力,公众对社会管理制度等基本规则规范的了解与适用能力;三是参与的策略选择与解决问题的能力,具备起码的参与知识与技能;四是"讨价还价"的政治沟通与妥协能力。[3]

当前贾汪区政府购买法律服务的过程中,公众的参与能力普遍较弱,具体体现为村民的综合素质和文化水平较低,对相关政策法规不够了解,对现代信息技术的掌控能力、知识运用能力、人际交往能力较弱等,难以形成参与合力。

2.6 贾汪区政府购买法律服务的优化路径

贾汪区政府购买法律服务的运行存在政府购买行为不规范、法律服务供给不充足、公众参与度低等诸多问题,迫切需要优化贾汪区政府购买法律服务的运行模式。本节从政府、市场和社会的角度入手,提出了对应的解决策略。

---

[1] 史卫民,郑建君,李国强,等.中国公民政策参与研究:基于2011年全国问卷调查数据[M].北京:中国社会科学出版社,2013.
[2] 武小川.公众参与社会治理的法治化研究[M].北京:中国社会科学出版社,2016.
[3] 吴新叶.城市化进程中的农村社会管理研究[M].上海:上海人民出版社,2014.

2.6.1 健全政府购买法律服务工作机制

多中心治理理论认为,政府应充当中介的角色,负责制定制度框架和行为规则,为消费者和生产者服务。① 在政府购买法律服务的运行过程中,首先应准确定位政府角色,主动转变政府职能,为法律服务市场主体和社会公众搭建沟通与服务的桥梁。政府应通过建立健全政府购买法律服务工作机制,制定相关制度框架明确三方主体的行为规则。

2.6.1.1 制定项目清单,明确购买边界

一要对拟购买的项目进行细化梳理,制定政府购买法律服务项目清单。清单的制定需要综合考量政府的购买能力、承接主体的服务能力和社会公众的实际需求,政府对属于自身职能范围内的工作要积极履职,主动作为,避免政府购买服务方式的滥用。以公共法律服务为例,2019年《司法部关于印发〈公共法律服务事项〉清单的通知》中列举了包括法律援助、值班律师法律帮助等16个基本公共法律服务事项,几乎涵盖了所有的传统司法行政业务领域。公共法律服务的"公共属性"强调政府应当是公共法律服务的供给主体,并非所有的公共法律服务事项都要通过政府购买服务的形式由承接主体向社会公众提供,对于政府有能力直接提供的公共法律服务应由政府主动提供,例如法治文化设施建设、法治文艺作品创作、法治宣传教育活动开展等;只有在政府不具备足够的供给能力时,才能采取政府购买服务的方式来提供公共法律服务。②

二要建立需求研判机制,准确把握服务对象的法律需求。以往承接主体的服务与服务对象的需求存在供给与需求不适配的情形,主要原因是政府部门对服务对象的法律服务需求缺乏真正了解,盲目采取政府购买服务的方式,造成了法律服务资源的浪费。政府要将项目需求调查纳入政府购买法律服务的决策环节,对拟申报项目的服务对象开展一定规模的需求调查,收集法律服务需求并对数据进行分析研判,为政府的购买行为提供真实可靠的决策依据和购买建议,保障法律服务资源的高效利用。

---

① 燕继荣,等.中国现代国家治理体系的构建[M].北京:社会科学文献出版社,2018.
② 贺璐.政府购买公共法律服务问题研究[D].呼和浩特:内蒙古大学,2018.

2.6.1.2 创新服务费用保障机制

政府购买法律服务的预算编制是否规范科学、项目是否符合公众需求、经费的使用是否合规都与政府购买法律服务的质量息息相关。因此,要加强对贾汪区政府购买法律服务项目预算的审核和经费使用的监督与管理。

1. 多渠道保障经费投入

解决贾汪区政府购买法律服务经费渠道单一、资金投入不足的问题,应拓宽资金的募集渠道,吸纳行业协会、慈善组织等社会力量的共同参与。在经费保障方面形成以政府财政保障为主导、行业协会和慈善组织协同参与的多元化资金投入模式。

一要加强财政保障。强化预算管理,将拟购买的项目内容和资金配置列入政府采购目录和年度财政预算。对于拟购买的法律服务项目,政府部门要制订切实可行的购买计划,做好年度预算申报,制定科学合理的项目可行性分析报告,确保政府购买法律服务的常态化实施,减少购买行为的随意性。[①] 强化政府购买法律服务预算的刚性约束,将政府购买法律服务,尤其是政府购买公共法律服务的经费保障和预算编制情况纳入对政府的绩效考评。对于批复预算的项目应加强预算管理,做好专项经费的管理使用,注重优化经费的支出结构。

二要引导行业协会和慈善组织协同参与。行业协会是行业自我管理的组织,以中华全国律师协会为例,该协会是由律师、律师事务所组成的社会团体法人,是全国性的律师自律组织。要鼓励行业协会发挥行业自我管理作用,引导律师协会、基层法律服务工作者协会从收取的年度会费中提取专项资金,为积极参与政府购买法律服务的从业人员给予一定的物质奖励。这既可以弥补经费不足的问题,也能够通过物质奖励激发承接主体的参与热情和服务意愿。慈善组织作为一种社会服务机构,可以弥补政府公共服务供给的不足并带动更多的社会资源参与公共服务的提供。[②] 区司法行政

---

① 魏中龙,等.政府购买服务的理论与实践研究[M].北京:中国人民大学出版社,2014.
② 杨思斌,李佩瑶.慈善组织的概念界定、制度创新与实施前瞻[J].河北大学学报(哲学社会科学版),2016,41(5):18-24.

机关要联合民政部门,充分调动和挖掘贾汪区萤火爱心公益组织①等贾汪区本地的慈善组织,鼓励慈善组织将募集到的公益捐赠资金投入法律援助等公共法律服务项目,以缓解贾汪区公共法律服务经费保障不足的困境,但是也要引导慈善组织做好资金管理和风险防控。

2. 制定科学合理的定价体系

贾汪区政府购买法律服务在定价环节存在政府单方定价、定价标准过低、补贴标准"一刀切"等问题,存在未综合考虑法律服务的风险程度、承接主体的专业水准、法律服务的投入成本等多种因素,严重抑制了承接主体参与服务的积极性。

一要建立政府购买法律服务协商议价机制,引导承接主体参与价格制定过程。在购买服务环节,政府部门应通过召开座谈会等形式与承接主体加强沟通协商,预先告知政府拟购买的法律服务事项。这既有助于提高承接主体的参与意愿,也有助于政府部门更加准确地判断服务成本,制定合理的价格标准。

二要构建科学合理的定价体系,综合考虑服务项目的难易和风险程度、承接主体的专业水准和服务成本以及贾汪本地的经济发展水平等多方面因素,制定政府购买法律服务价格标准,增强价格标准的合理性与科学性。此外,要建立价格动态调整机制,根据经济社会条件的变化,参照贾汪区物价和消费水平的变动对法律服务的购买价格及时进行动态调整。

2.6.1.3 加强信息公开,规范购买流程

多中心治理理论强调公开性,主张政府应及时向全社会公开各种政策和信息,保障公民的知情权。政府部门在购买法律服务的整个运行过程中,必须大力推行政务公开和信息共享机制,让"公权力"在阳光下运行。

1. 建立信息公开机制

《中华人民共和国政府信息公开条例》第十九条指出,对涉及公众利益调整、需要公众广泛知晓或者需要公众参与决策的政府信息,行政机关应当主动公开。信息公开有助于及时和最大限度地产生和交换信息,增进购买

---

① 贾汪区萤火爱心公益组织是贾汪一家致力于公益的社会团体,坚持"集众人微薄之力,解他人燃眉之急"的理念,将社会各界捐赠的资金和物资用于走访慰问特困家庭和关爱困难儿童。

主体、承接主体和服务对象三方互相了解与信任,降低矛盾冲突的可能性;有助于强化市场有序竞争,杜绝道德风险,保证购买过程的公平公正。信息公开不及时容易导致外界无从知悉具体的购买过程,更无法进行及时有效的监督,存在权钱交易、暗箱操作的风险。

要坚持以公开促公正,以透明保廉洁,增强主动公开、主动接受监督的意识,让暗箱操作没有空间。① 对于采用何种方式来进行法律服务的购买,政府要根据服务事项的具体特点和法律服务资源的稀缺程度,采用集体决策的方式对购买方式进行研究商定,对于适宜采用公开招投标方式确定承接主体的法律服务事项,要积极组织开展公开的招投标工作。

2. 建立信息共享机制

政府部门机构庞大,信息传递程序较为烦琐,容易导致信息失真,在提高沟通成本的同时,降低了工作效率。实践中,由于重大行政决策或行政诉讼案件牵扯不同的政府部门,政府内部科层间的信息沟通效率低下,往往需要耗费大量时间。当信息传递到政府法律顾问时,在有限的工作时间内,政府法律顾问很难充分了解案件基本情况并收集相关证据材料,使他们的服务质量受到了负面影响。

要在政府部门和承接主体之间建立高效的信息共享机制,提高政府部门与承接主体的信息对接效率。一方面,利用互联网技术,构建"实时"信息管理系统,开辟高效的信息双向传递渠道,将政府部门的决策信息迅速共享给承接主体,同时及时收集并反馈承接主体的信息。另一方面,注重做好保密工作,确保在提高工作效率的同时,提高信息传递的时效性、准确性、安全性。

2.6.1.4 分阶段建立协同监督评估机制

1. 事前建立严格的项目审查机制

针对贾汪区政府购买法律服务缺乏事前监督机制这一情况,建议在政府购买法律服务的决策环节,建立严格的政府购买法律服务准入机制,防范潜在的道德风险。有条件的话,政府可以委托第三方专业机构对政府购买法律服务进行项目审查,重点了解服务内容、项目可行性及风险、承接主体

---

① 习近平.习近平谈治国理政:第一卷[M].2版.北京:外文出版社,2018.

资质条件、经费预算数额等具体情况,对政府购买法律服务项目进行科学规划和充分论证。

2. 事中建立多渠道监督反馈机制

在项目服务环节,贾汪区政府购买法律服务缺乏对承接主体服务过程的跟踪管理,注重数量却忽视了对服务质量的评估和服务对象的参与。要建立多渠道监督机制,采取购买主体抽查、服务对象反馈、社会公众监督、承接主体自评相结合的方式,监督服务质量和效益,畅通投诉反馈机制,对社会公众和服务对象的诉求给予积极主动回应;对服务的具体效果实施动态跟踪管理,在关键节点向承接主体发送预警信息,告知中期检查、考评验收的具体时间以及不能通过评估的后果等,从过程管理的角度提升服务绩效。

3. 事后建立绩效评估指标体系

政府购买服务并不代表政府将应负的责任同时转移,而是应该成为公共服务供给绩效评估的重中之重。[①] 政府购买法律服务考评验收的重点应从关注承接主体是否如约提供服务转变为该法律服务项目是否已实现了既定的目标并让社会公众感到满意,这才是考评验收环节的最终目标。[②]

要探索建立绩效评估指标体系,由第三方评估机构制定可操作的法律服务评估标准,主要包括承接主体资质评价、服务质效评价标准、服务对象满意度评估、服务成本核算等;要结合项目申报目标对承接主体的服务实效进行考评,重点考察服务对象的满意度,将承接主体的服务绩效与评奖评优机制挂钩,激励承接主体提供优质法律服务。

2.6.2 构建法律服务多元供给模式

公共物品多元供给理论认为,公共物品供给的实质是资源配置。"政府失灵""市场失灵"和"志愿失灵"的普遍存在表明任何单一主体的供给方式都不足以满足社会需求。要摆脱公共服务的供给困境,必须推进公共服务市场化和社会化改革,促成政府部门、企业和第三部门的相互合作。在政府购买法律服务的过程中,政府部门、法律服务市场和非营利组织各自都有局

---

① 董杨,句华.政府购买公共服务质量保障问题研究[J].中国行政管理,2016(5):43-47.
② 宁靓,赵立波.政府购买公共服务精准化的大数据应用模式研究[J].山东大学学报(哲学社会科学版),2018(3):150-158.

限性。要提升法律服务的供给能力,不仅需要充分调动现有的法律服务资源,还应发动更多社会力量的参与,将非营利组织、志愿者等多种参与主体补充进来,构建多元化的法律服务供给模式。

2.6.2.1 创新承接主体激励机制

政府购买法律服务的良性运作需要政府、承接主体和服务对象三方合作来完成。如果我们希望经由个体理性选择来实现集体理性,获取合作红利,就需要对个人的行为进行激励和诱导。[①] 在政府购买法律服务的过程中,要重视激励手段的运用,坚持物质激励和精神激励双管齐下,通过建立政府购买法律服务双重激励机制,激发承接主体的参与意愿。

一是采取物质激励方式,参考《中华人民共和国民法典》(简称《民法典》)第五百八十七条的"定金罚则"设立法律服务保证金。作为一种激励机制,购买主体和承接主体在签订服务协议时先行约定一定数额的服务保证金,若承接主体能够如约提供符合标准的法律服务,则购买方除支付约定的服务费用外,还须双倍支付服务保证金作为奖励;若承接主体因己方过错未能如约提供法律服务,则从服务费用中扣除双倍的服务保证金作为惩罚。

二是采取非物质激励方式,给予承接主体适当的精神激励。贾汪区政府购买法律服务的补贴标准普遍低于市场标准,在经费保障力度有限的情况下,可以采取精神激励的方式来弥补。精神激励之所以能发挥作用,是因为人们有对荣誉的追求。要将承接主体的服务绩效与评奖评优机制挂钩,激励承接主体提供优质法律服务。对于态度积极、服务质量较好的承接主体予以表彰嘉奖;对于缺乏服务意愿,服务质量不符合约定的承接主体予以批评,要求限期整改。此外,司法行政机关还应加强对法律服务队伍的教育引导,从而激发承接主体主动服务的行为自觉和主动追求公共利益的高尚动机。

2.6.2.2 优化整合现有法律服务资源

"三农"问题关系国计民生,是党和国家工作的重中之重,习近平总书记在党的十九大报告中提出要实施乡村振兴战略。当前贾汪区的法律服务资源配置不均衡,农村地区的法律服务资源匮乏,法律服务市场供需不平衡的

---

① 张维迎.博弈与社会[M].北京:北京大学出版社,2013.

情况较为严峻,制约了农村社会治理现代化的实现。

要充分发挥现有承接主体的专业优势。律师事务所和基层法律服务所作为营利性机构,一要加强内部管理和行业自律,确保诚信规范执业,树立法律服务队伍的良好形象。二要树立先进的管理理念和品牌意识,组建专业化团队,确保提供专业优质的法律服务。三要找准定位,取长补短。基层法律服务所普遍设置于乡镇街道,基层法律服务工作者与基层群众具有一种天然的信任和亲近,更容易和基层群众沟通。基层法律服务所要找准定位扎根并服务基层,与律师事务所构成优势互补的局面。

司法行政机关应充分发挥职能作用,一要加大行业监管力度,规范执业行为。注重对法律服务队伍的业务能力和职业道德培训,引导法律服务队伍树立正确的执业观,培育他们参与公益性事业的使命感。二要大力加强队伍建设,优化法律服务队伍人员结构。针对偏远地区法律服务资源匮乏的情况,政府要制定扶持法律服务行业发展的优惠政策,提供税收、房租减免等优惠,鼓励法律服务资源匮乏的乡镇(街道)恢复设立基层法律服务所或法律服务分支机构,大力引进优秀法律服务人才,提高法律服务的供给能力和水平。

2.6.2.3　大数据助推购买服务精准化

虽然政府是大规模信息的原始采集者,但是数据价值往往是潜在的,需要创新性分析来释放价值。[①] 贾汪区司法行政部门以往在公共法律服务三大平台的建设过程中已收集了海量的原始信息和服务数据,但对数据信息的利用效率并不高,大部分数据都处于闲置状态,数据的潜在价值并未得以开发利用。

一是顺应政府信息公开的潮流和趋势,在依法维护国家安全和保护自然人隐私的前提下,推进公共法律服务数据开放共享。政府通过开放政府数据,鼓励私营部门和企业对数据进行创新性分析和加工,加强大数据技术在政府购买法律服务中的开发与利用,将公共法律服务实体、热线、网络三大平台收集到的大数据运用到政府购买法律服务的过程中,实现政府购买

---

① 迈尔-舍恩伯格,库克耶.大数据时代:生活、工作与思维的大变革[M].盛杨燕,周涛,译.杭州:浙江人民出版社,2013.

法律服务的智能化和精准化。[①] 同时,促进数据资源利用的规范化,根据数据信息的机密性进行分级存储,对数据的使用边界进行合理界定和区分,从而对数据资源进行严格保护,防范数据使用不当带来的不确定风险。[②]

二是推行"互联网+法律服务",充分发挥各村"法润民生"微信群的优势,村(居)法律顾问通过微信群与村民进行线上互动和交流,借助大数据分析打通公共法律服务体系建设的"最后一公里",努力缩小城乡间的法律服务供给差距。村民足不出户即可享受优质便捷的法律服务,实现基本公共法律服务均等化,不断增强人民群众的获得感、幸福感和安全感。

2.6.2.4 丰富承接主体多元构成

多中心治理理论反对政府治理权力的垄断和扩张,强调第三部门参与社会公共事务管理的必要性,倡导社会管理力量的多元化,主张基金会、民间慈善组织、福利机构、志愿组织等各种社会力量承担政府部门的一部分职能,发挥他们在社会事务管理等方面的积极作用,从而实现自主治理。

除引导律师和基层法律服务工作者发挥专业优势外,政府要鼓励公职律师、兼职律师等多种社会力量参与政府购买法律服务;要结合贾汪区自身特色,培育马庄法治文化艺术团、耿集乡贤协会等非营利性组织,进一步充实现有承接主体人员构成,实现法律服务供给主体多元化。

1. 培育非营利性组织

非营利性组织不以营利为目的,且灵活性较强,供给效率高、成本低;同时更加贴近基层,关注社会弱势群体和边缘性社会群体,能够满足政府和市场不愿顾及或无暇顾及的公共服务需求。要发挥非营利性组织在公共服务供给方面的优势,加强资源整合与利用,以政府购买法律服务的方式邀请马庄法治文化艺术团、耿集乡贤文化艺术团等团体深入乡镇、企业、村(居)、学校开展法治文艺巡演,以群众喜闻乐见的方式提供形式多样的法律服务,为群众送上"法治大餐"。

要充分调动贾汪区现有非营利性组织的积极性,积极动员热心公益事业的社会力量参与法律服务工作。大力推广耿集乡贤协会参与社会治理的

[①] 吉鹏,许开轶.大数据驱动下政府购买公共服务精准化:运行机理、现实困境与实现路径[J].当代世界与社会主义,2020(3):183-190.

[②] 张彦华.网络社群声誉激励机制对公共决策的影响及治理[J].社会科学辑刊,2020(6):88-97.

模式,积极培育热心公益法律服务的社会组织,邀请离退休法官、检察官、警官等作为乡贤参与矛盾调解工作,为维护社会和谐稳定奉献力量。

2. 激发公职律师主动参与

要发挥公职律师的独特优势,建立公职律师与政府法律顾问工作衔接机制,鼓励公职律师积极担任政府部门法律顾问,参与政府部门的重大事项决策和合法性审查,有效防范和化解政府部门法律风险;建立公职律师服务质量考评和激励机制,对于参与政府法律顾问工作的公职律师进行服务质量考评并纳入年终个人绩效考评,将政府法律顾问工作绩效与个人评奖评优、绩效考评挂钩,激发公职律师的参与热情。

3. 发展兼职律师队伍

要大力发展兼职律师队伍,鼓励具有法律专业素养的高校老师、法学专家学者申请兼职律师并担任政府法律顾问。法学专家长期从事法学研究工作,理论素养深厚,能够运用系统的理论为政府决策提供理论指导,与实践经验丰富的专职律师形成优势互补。

2.6.3 完善社会公众有序参与机制

多中心治理理论强调对社会公共事务的治理不能采用单独依靠政府或市场的"单中心"治理模式,而应通过多元、民主、自治、合作的方式,建立起政府、市场、社会共同参与的"多中心"治理模式,实现公共利益的共赢。[①] 在政府购买法律服务的过程中,要通过完善制度设计、拓宽参与渠道、加强教育引导等方式促进社会公众的有序参与,实现由政府主导的"单中心"模式向政府、市场、社会共同参与的"多中心"模式转变,促进政府、市场和社会三方主体在分工基础上的协同合作与良性互动。

2.6.3.1 强化制度设计,规范社会公众参与机制

《世界人权宣言》指出,社会公众的参与权是一项政治权利,人人有直接或通过自由选择的代表参与治理本国的权利。社会公众参与权是政治权利的一部分,通过对社会管理事务的参与来实现社会和谐发展。

---

① 李平原.浅析奥斯特罗姆多中心治理理论的适用性及其局限:基于政府、市场与社会多元共治的视角[J].学习论坛,2014,30(5):50-53.

公共法律服务的质量关系到社会公众的切身利益,政府购买法律服务与社会公众利益密切相关。在制度设计层面,司法部、财政部印发的《司法部 财政部关于建立健全政府购买法律服务机制的意见》重点明确了政府购买法律服务的购买主体及承接主体的权利与义务,却忽视了服务对象即社会公众的参与。该文件中仅提到了社会公众作为服务对象有监督的权利,并未对社会公众参与的渠道、程序进行明确,实践中社会公众参与政府购买法律服务缺乏可操作性,存在社会公众参与度低的问题。

要改变社会公众在政府购买法律服务过程中缺位的现状,使社会公众参与落到实处,首先在政府购买法律服务的制度设计环节,要确认社会公众参与的权利,细化社会公众参与的方式程序。社会公众的参与程序制定应尽可能详细,如此一来社会公众参与政府购买法律服务就越容易实施。只有为社会公众参与提供坚定的制度保障,社会公众才能积极行使参与权利,为政府购买法律服务的开展献计献策,并实施有效监督。其次在项目审查环节,要建立社会公众参与协商机制,政府就拟购买法律服务项目的服务内容、服务方式、承接主体资质等相关事项同社会公众进行协商对话,通过组织座谈会、问卷调查等方式多种渠道征集社会各界的意见,了解社会公众的实际需求,据此对项目的可行性进行科学规划和充分论证。再次在项目服务环节,要畅通意见表达渠道,通过"法润民生"微信群、江苏省公共法律服务平台、贾汪区政府官方网站等多种渠道收集服务对象的评价和意见,并根据服务对象的个性化法律服务需求对服务内容进行相应调整。最后在项目考评环节,要将对承接主体的考评监督与服务对象的反馈评价相挂钩,通过电话回访、网络投票等多种形式进行服务对象满意度调查,对于满意度高的承接主体予以奖励和表扬,对于满意度低的承接主体予以批评并督促整改。

2.6.3.2 拓宽参与渠道,激发社会公众参与热情

确认社会公众参与政府购买法律服务的权利,规范社会公众参与政府购买法律服务的程序,为社会公众参与政府购买法律服务提供了机会与可能。但是如果社会公众缺乏参与意愿,则参与权利和参与途径仍然形同虚设。[1]

---

[1] 武小川.公众参与社会治理的法治化研究[M].北京:中国社会科学出版社,2016.

一般来说,公共事务与社会公众的利益联系越紧密,社会公众就越倾向于关注该事务,参与的意愿就越强。政府在对拟购买的法律服务项目进行可行性分析时,要通过多种途径向社会告知该项目对社会公众利益的影响,并通过座谈会、发放调查问卷、网络调查等形式广泛收集社会公众意见和实际需求,确保政府拟购买的法律服务项目能够做到供需适配。

要探索建立社会公众参与奖励机制,激发社会公众的参与意愿,鼓励社会公众为政府购买法律服务积极建言献策,并明确奖励的具体条件、程序和标准。要拓宽社会公众参与渠道,利用网络辅助社会公众参与实践。拟购买法律服务的政府部门要开门纳谏,主动听取社会公众意见并积极回应社会公众诉求,努力提高社会公众参与的效能感。对于社会公众提出的意见建议,无论政府机构是否采纳都应及时向社会公众反馈并说明理由。社会公众参与要实现政府与社会公众之间的交流互动与协商,充分尊重社会公众的意愿,而不仅仅是听取意见这么简单。

2.6.3.3 加强教育引导,培育社会公众参与意识

习近平总书记指出:"加强社会治理制度建设,完善党委领导、政府负责、社会协同、公众参与、法治保障的社会治理体制,提高社会治理社会化、法治化、智能化、专业化水平。"[1]强化政府购买法律服务过程中的社会公众参与,必须注重对公民社会的培育。公民社会培育是一个渐进的过程,要通过持之以恒的法治宣传教育和法治文化建设引导社会公众普遍树立公民主体意识,提高对社会公众参与的价值认同,使社会公众参与由被动走向主动,学会用正确的理念和方式与政府沟通对话。

一是创新法治宣传教育工作。要把全民普法和全民守法作为依法治国的基础性工作,使全体人员成为社会主义法治的忠实崇尚者、自觉遵守者、坚定捍卫者。[2] 要加强对村"两委"(村党支部委员会、村民委员会)班子成员的法治培训,提高村干部运用法治思维和法治方式开展基层工作的能力。将村(居)法律顾问工作与农村"法律明白人"培养工程相结合,引导村(居)法律顾问在各村培育一批"法治带头人"。要结合贾汪区实际,深入开展"八

---

[1] 习近平.习近平谈治国理政:第三卷[M].北京:外文出版社,2020:38.
[2] 习近平.论坚持全面依法治国[M].北京:中央文献出版社,2020.

五"普法[①]，重点面向乡村开展法治宣传教育，选择贴近村民生活的鲜活案例，通过以案释法、以案普法等方式进行宣传，宣传内容侧重于《中华人民共和国宪法》《民法典》以及与村民生产生活息息相关的法律法规；充分利用重大纪念日、传统节日、庙会、集市等契机，组织开展"法律十进"等各类法治宣传教育活动，在全社会营造浓厚的法治文化氛围。

二是加强法治文化建设。努力培育社会主义法治文化，充分发挥法治文化的引领、熏陶作用，培育村民的法治理念和法治思维。立足贾汪区实际，利用法治文化广场、街区等载体，着力培育法治文化特色小镇、大运河法治文化长廊等贾汪区本土的法治文化品牌；利用贾汪区现有公共文化设施推进法治广场、走廊等法治文化阵地建设，促进农家书屋、文化礼堂的高效利用，为群众搭建学法普法平台；大力推进"民主法治示范村"建设，促进法治文化与传统文化、民俗文化、乡土文化、红色文化融合发展，以政府购买服务的形式组织马庄法治文化艺术团、耿集乡贤文化艺术团等贾汪区当地的团体创作编排具有贾汪区乡土文化气息的法治文化作品，广泛开展法治文化巡演活动，在丰富公众精神文化生活的同时，提升公众的法治素养，营造浓厚的法治文化氛围。

2.7 本章小结

贾汪区政府购买法律服务之路任重而道远，本章通过对贾汪区政府购买法律服务存在的问题进行研究，得出以下结论。

政府购买法律服务对提升公共法律服务供给能力，推进法治政府建设具有重要意义。贾汪区在法律援助、村（居）法律顾问等诸多法律服务项目的实施过程中采取了政府购买法律服务的方式，取得了一定成效，但实践中也存在政府购买法律服务运行机制不完善、法律服务市场供给不充足、公众参与度低等问题，迫切需要优化贾汪区政府购买法律服务的运行机制。政府购买法律服务的运行受到多种因素的影响，既要抓住外部发展机遇，充分发挥自身优势，又要弥补内在短板和劣势，努力化解外在威胁。

[①] "八五"普法是中央宣传部、司法部关于开展法治宣传教育的第八个五年规划（2021—2025年）的简称。

第 2 章 徐州市贾汪区政府购买法律服务问题研究

解决贾汪区政府购买法律服务存在的问题,应结合贾汪区的实际情况,从政府、市场和社会入手,通过健全政府购买法律服务工作机制、构建法律服务多元供给模式、完善社会公众有序参与机制等方式,实现三方主体的协商合作与良性互动。这有助于促进政府购买法律服务的规范化运行,有效回应社会公众多样化的公共法律服务需求,促进贾汪区法治政府建设迈上新台阶。

由于政府购买法律服务仍处在探索阶段,学界对于政府购买法律服务的研究有限,本章内容是在查阅大量文献的基础上,通过访谈调查尽可能收集贾汪区开展政府购买法律服务的相关资料和数据,但访谈的内容主观性较强,收集到的数据和信息未必全面。另外,本章提出的完善路径只是初步的理论设想,下一步还需要与实践相结合,对贾汪区政府购买法律服务进行全面深刻剖析,继续找寻优化的路径和方案。

Chapter 3
第 3 章

盐城市盐都区政府公共文化服务供给问题研究

公共文化服务体系的建设是现代文明社会的重要标志,而公共文化服务供给也是基层政府公共服务供给的重要构成部分。本章以盐城市盐都区公共文化服务的供给实践为例,从供给侧、需求侧、供给产品等多角度进行切入,对苏北地区基层政府公共服务路径进行探索,试图为其他同类型城市公共服务供给的发展与振兴提供借鉴。

我国作为历史文化大国，自古注重文化的传承与发展。2006年，《国家"十一五"时期文化发展规划纲要》便提出国家各层各级要积极开展公共文化服务，促进公共文化事业的繁荣发展，由此公共文化服务开始受到广泛关注。本章基于此背景，通过阐述盐都区公共文化服务供给和需求现状，分析盐都区公共文化服务供给存在的问题及原因，并在前人研究的基础上，提出相应的对策。

3.1 问题的提出

文化是人类精神的集中表达，是民族进步和发展的内在动力。中国是一个拥有五千年悠久历史的文明古国，文化发展源远流长。独特的优秀文化是我国区别于其他国家的重要方面，是社会的灵魂，是我国发展的前提。文化的传承与发展一直是我国高度重视的问题之一。改革开放以来，我国文化建设实现快速发展、文化事业得到长足进步，为经济社会的发展提供了良好的思想保障和智力支持。

3.1.1 研究背景与意义

3.1.1.1 研究背景

随着市场经济的快速发展，我国积极转变政府职能，推动建设服务型政府。在这一背景下，2006年，《国家"十一五"时期文化发展规划纲要》提出完善公共文化服务网络，坚持公共服务普遍均等原则，加强各层级文化服务设施建设，推动文化发展。2007年，党的十七大报告提出，实现全面建设小康社会奋斗目标的新要求之一是建设"覆盖全社会的公共文化服务体系"，初步肯定了公共文化服务建设的重要性和必要性。2012年，党的十八大报告指出，到2020年基本建成公共文化服务体系，文化产业要成为国民经济支柱性产业。该报告对公共文化服务体系的基本框架和建设要求进行了进一步明确，并且把公共文化服务摆在了国家经济社会发展的战略高度，凸显了公共文化服务在满足人民精神文化需求和经济社会发展中的重要地位。2017年，党的十九大以来，人民群众的追求已经从日益增长的物质文化需要转变为日益增长的美好生活需要，人民群众越来越重视精神文化生活，政府也积极响应群众的需求。这对公共文化服务提出了更高更具体的要求,即完善公共文化服务体系,深入实施文化惠民工程,丰富群众性文化活动。

通过以上政策不难看出,公共文化服务承担着保障公民基本文化权益、弘扬社会良好风尚、满足群众精神追求、增加公众福利、带动经济良好发展、建设和谐社会的重要职责。公共文化服务体系建设是现代文明社会的重要标志,是提升我国文化软实力的重要前提,是满足人民群众对美好生活追求的重要保障。公共文化服务必将作为一项长期的重要工作来开展,要不断深化认识,提高要求,全面促进公共文化事业的繁荣发展。

尽管公共文化服务工作正式提出的时间不长,但我国一直将其摆在国家发展的重要战略地位,不断加大人力、物力、财力的投入,促进我国公共文化事业快速发展。我国公共文化事业取得快速发展的同时也存在部分地区公共文化服务供给发展不充分不到位的问题。盐都区位于江苏省中部偏东、盐城市西南部,是盐城市的经济、文化、教育中心,拥有较好的经济基础、丰富的自然文旅资源和深厚的人文底蕴。近年来,盐都区以建设"文化强区"为契机,积极开展多种形式的公共文化服务供给工作,坚持文化惠民,打造特色品牌,在一定程度上满足了人民群众的精神文化追求。然而盐都区在公共文化服务供给的过程中依然存在着供给侧供给能力不足、需求侧客体参与度低、供给产品与公众需求脱钩等一系列问题,无法实现高质量有效供给,导致整体服务水平不高。在这一背景下,如何进一步优化公共文化服务供给举措,提升公共文化产品与供给效果,并借此改善盐都区整体公共文化服务水平是需要重点研究的内容。

3.1.1.2 研究意义

全面建设文化强国,要求公共文化服务全面开花,让社会全体成员享受到公共文化的权益。本章对于公共文化服务的研究立足于盐都区的供给实践,通过对盐都区公共文化服务供给和需求现状、存在的问题及其原因分析等的描述,结合相关理论,提出了提升公共文化服务供给水平的对策,为苏北地区基层政府公共文化服务的精准有效供给实践提供了一定的发展思路。

1. 理论意义

就研究领域而言,当前公共文化服务供给工作的研究重点集中在经济文化相对发达的城市地区和经济文化相对落后的农村地区。本章以盐都区为研究对象，运用相关理论，分析其公共文化服务供给问题并制定相应对策，拓展了研究空间。

就理论运用而言，本章运用新公共服务理论、公共治理理论和公共产品理论对盐都区公共文化服务供给问题进行研究，进一步补充和完善了该理论，同时也延伸了相关理论与实践相结合的研究。

2. 现实意义

主要体现在为盐都区和同类型城市提升公共文化服务水平提供对策建议，更好地促进公共文化服务工作惠及全体社会成员。

一是通过对盐都区公共文化服务供给和需求进行研究分析，了解实际情况，总结盐都区公共文化服务存在的问题与出现问题的原因，借鉴先进经验，提出具体的对策建议。研究有助于提升盐都区公共文化服务供给水平和质量，进一步帮助当地人民群众更好地享受公共文化服务，保障公共文化权益，追求幸福美好生活，助力建设社会文明程度高的"新盐都"。

二是由于经济发展的不平衡，不同地区之间的公共文化服务水平有所不同。盐都区作为经济发展适中的城区，对其公共文化服务供给进行研究能够为其他同类型区域相关问题的研究提供一定的参考依据，可启发其找到适合自身开展公共文化服务供给工作的对策，进一步扩大公共文化服务的受众面。

3.1.2 研究动态与评析

通过梳理国内外公共文化服务的相关研究，分析总结国内外公共文化服务主要研究成果，为本章的写作提供基础。

3.1.2.1 研究动态

国内外对于公共文化服务进行了大量的研究，相关学术成果非常丰富。本章分别从不同的研究角度和研究内容对国内外公共文化服务的研究动态进行阐述。

1. 国内研究现状

公共文化服务一词在我国提出相对较晚，但发展迅速。从当前有关公共文化服务建设理论的研究来看，与之相关的内容不断丰富。现阶段国内对于公共文化服务主要从体系构建、供给主体、供给实践和绩效评价等方面进行了分析与研究。

(1) 公共文化服务体系构建研究

在公共文化服务体系构建方面,国内学者研究的重点主要是在服务体系的构建和完善上。张永新将公共文化服务体系作为现代化国家治理体系的组成部分,作为构成国家治理能力现代化的必备要素,提出目前的重要任务是公共文化服务标准化与均等化、公共文化服务社会化、公共数字文化服务体系建设、文化事业单位法人治理结构和公共文化服务体系建设协调机制等。[①] 柯平等在研究中提出,要从我国的具体国情出发,构建"标准化、均等化"的基本公共文化服务体系。[②] 陈庚等在研究中提出,通过建立动态调整机制、强化监督管理和效能评价、提高公共文化服务的适用性、鼓励社会力量参与等来完善和优化现代公共文化服务体系的建设。[③] 戴珩在承认公共文化服务是由政府主导、社会参与形成的基础上,进一步细化提出公共文化服务是以公共财政为支撑、以公益性文化单位为骨干、以全体人民为服务对象、以保障群众基本文化权益为主要内容,向公民提供各种公共文化设施、产品、服务的运行管理系统和制度,其主要特性是公益性、基本性、均等性和便利性。[④] 李宁在分析美国城市文化政策的基础上提出,我国在制定完善公共文化服务政策时,要尊重与延续城市独特的文化禀赋、动员社会多方主体参与、提升文化政策制定的开放性、建立文化资助方式与主体的多元模式。[⑤] 贺怡等在分析数字文化空间对公共文化服务体系所造成挑战的基础上,提出利用数字文化空间平台、创新资源配置方式、优化服务决策机制、改进财政投入机制等举措对公共文化服务体系进行创新与改革,从而推动服务效能的提升。[⑥]

[①] 张永新.构建现代公共文化服务体系的重点任务[J].行政管理改革,2014(4):38-43.
[②] 柯平,朱明,何颖芳.构建我国基本公共文化服务体系研究[J].国家图书馆学刊,2015,24(2):24-29.
[③] 陈庚,邱润森.新时代完善现代公共文化服务体系建设的路径研究[J].江汉论坛,2020(7):137-144.
[④] 戴珩.现代公共文化服务体系200问[M].南京:南京师范大学出版社,2015.
[⑤] 李宁.美国城市文化政策的实践及其经验启示[J].中共青岛市委党校青岛行政学院学报,2019(3):112-116.
[⑥] 贺怡,傅才武.数字文化空间下公共文化服务体系建设的创新方向与改革路径[J].国家图书馆学刊,2021,30(2):105-113.

(2) 公共文化服务供给主体研究

在公共文化服务供给主体方面有两种不同的研究观点。一种观点认为,政府是公共文化服务供给的主体。王大伟指出,公共文化服务供给应由政府主导,各级政府务必要加强对公共文化服务供给的领导,切实做好公共文化事业整体布局规划,强化规范管理,使得公共文化设施的效用得到充分发挥;政府要妥善制定政策,有效促进公共文化事业蓬勃发展。[①] 巫志南从政府职能角度展开分析并提出,公共文化服务供给是政府的基本服务职能之一,是政府必须履行的基本职责,并就此提出政府是公共文化服务供给的核心。[②] 另一种观点认为,在公共文化服务供给的过程中,不应局限于单一主体,而应通过构建多元化的供给主体模式来提升公共文化服务水平。颜玉凡等强调,通过建立政府主导、多方参与的公共文化服务供给机制,挽回文化产业转型中的价值缺失,建构能够保障社会健康发展的公共文化生产方式,是公共文化服务供给领域应遵循的生产逻辑。[③] 林敏娟等在研究中提出,政府和企业两者联合,构建良好的互动模式,能够促进公共文化服务的有效供给。[④] 王海燕认为,政府要积极培育民办非营利性文化机构,扶持政府和企业外的第三部门,充分发挥他们在调整公共文化服务领域的优势作用。[⑤] 马艳霞在研究中提出,应多方调动公民个人、社会团体、非政府组织和企业通过兴办实体、项目资助、赞助活动和提供设施等方式参与公共文化服务工作。[⑥] 梁立新进一步指出,要创新和完善多元参与机制,充分发挥市场优化资源配置的作用,通过政府、公众、企业、非营利性组织等多方合作,实现社会化的多元共建格局。[⑦] 孙杨在研究中提出,可以积极推进公共文化服务的供给社会化,建立政府、企业和第三方之间的配合机制,有效提高我国

---

① 王大伟.公共文化服务的基本特征与现代政府的文化责任[J].齐齐哈尔师范高等专科学校学报,2007(3):67-69.
② 巫志南.公共文化产品和服务精准供给研究[J].图书与情报,2019(1):31-40.
③ 颜玉凡,叶南客.文化治理视域下的公共文化服务:基于政府的行动逻辑[J].开放时代,2016(2):158-173,8.
④ 林敏娟,贾思远.公共文化服务供给中的政企关系构建[J].深圳大学学报(人文社会科学版),2013,30(1):121-125.
⑤ 王海燕.政府力量:公共文化服务体系的建设主导[J].甘肃社会科学,2013(4):209-211,233.
⑥ 马艳霞.公共文化服务体系构建中民间参与的主体、方式和内容[J].图书情报工作,2015,59(12):5-11.
⑦ 梁立新.公共文化服务多元参与机制创新研究[J].学术交流,2014(2):191-195.

公共文化服务的供给效率,满足人民群众的精神文化需求。[①] 胡志平等在肯定公共文化服务供给主体需要实现多元化的基础上,提出要想做到社区公共文化服务供给的精准匹配,同时具备公益性和商业性双重优势的社会企业应当成为公共文化服务的重要供给主体。[②]

(3) 公共文化服务供给实践研究

在公共文化服务供给实践方面,相关研究主要聚焦在总结公共文化服务相对先进的大城市实践经验和提出公共文化服务相对落后的农村地区的改进措施。苏超在研究中指出,上海市在公共文化建设方面深入把握了时代脉搏,融合了互联网线上线下服务,搭建了立体结构云网,创新了公共文化服务的供给模式。[③] 解轶鹏等在综合分析宁夏回族自治区石嘴山市大武口区公共文化服务供给实践的基础上,提出了五个方面的经验启示:一是因地制宜,形成地方特色;二是以践行社会主义核心价值观为根本目标;三是增加公共文化服务的有效供给;四是提升公共文化服务的社会化水平;五是推动公共文化服务体系的制度化建设。[④] 惠鸣等在分析嘉兴市公共文化服务供给实践时,提出提升公共文化服务水平的重要因素包括地方政府的重视、服务者的主动开拓与创新、社会力量的广泛参与。[⑤] 胡运哲在分析农村公共文化服务供给所遇到的资金不足、人才短缺、能力不足等难题后,提出为农村公共文化服务发展提供思想、制度及实践指导,支持推动农村公共文化服务与文化扶贫、文化产业、地方发展等相协调。[⑥] 韩鹏云在开展乡村文化载体和乡村文化价值两个层面上的研究后,提出应对乡村公共文化载体治理与乡村文化价值功能进行反思,不仅要寻求乡村公共文化服务与乡土文化的"接点治理",而且应推动传统乡村文化价值与现代乡村文化价值的"双向强化",并强调为了保证这一路径的实施,要着力提升基层治理和"社

[①] 孙杨.探究政府公共文化服务的职能意蕴、尚存问题与创新路径[J].现代经济信息,2020(10):166-167.

[②] 胡志平,许小贞.城市社区公共文化服务供给何以精准:社会企业视角[J].中共中央党校(国家行政学院)学报,2021,25(6):103-110.

[③] 苏超.上海市公共文化服务供给模式研究[J].图书馆学研究,2017(8):81-87.

[④] 解轶鹏,刘洁.治理现代化视阈下的公共文化服务供给创新:大武口区构建现代公共文化服务体系的实践及其经验借鉴[J].国家治理,2017(20):24-31.

[⑤] 惠鸣,孙伟平,刘悦笛.公共文化服务体系架构与方式创新:嘉兴个案[J].重庆社会科学,2011(11):111-117.

[⑥] 胡运哲.打通农村公共文化服务的"最后一公里"[J].人民论坛,2020(1):54-55.

区营造"能力,真正确立农民和农村的文化主体性。① 戴艳清等对农村公共文化服务供给的研究侧重于数字文化服务方面,通过问卷调查和实地研究分析存在的问题并提出,通过促进文化资源整合和加快资源更新频率来丰富文化供给内容;通过完善供需双方沟通桥梁和拓宽渠道来加大宣传力度;通过引进人才和培育人才来创造人才优势等对策进一步提高农村公共数字文化的服务质量。② 李明等在分析江苏省农村公共文化服务供给发展现状后提出,提高基层公共文化设施建设水平、建立稳定增长的公共文化服务财政保障机制、探索建立公共文化服务绩效评价和监督机制、加强公共文化人才队伍建设、促进公共文化领域文化和科技融合发展等五个方面的建议来提高农村公共文化服务的质效。③ 徐延章在分析农村公共文化服务供给实践时,创新提出利用人工智能新技术通过创新公共文化服务设计理念、拓展公共文化服务设计维度、优化公共文化服务设计要素、细分公共文化服务设计层次、发挥公共文化服务设计价值等用户参与式公共文化服务设计方法开展农村公共文化服务建设,进一步强化用户与服务之间的深度交互,从而提高农村公共文化服务供给效能。④

(4) 公共文化服务绩效评价研究

在公共文化服务绩效评价方面,国内学者在工具理性和价值理性方面有不同的侧重。胡守勇在研究中从满足基本文化需求、促进文化产业发展、引领社会生活风尚、培育共有精神家园等 4 个方面设计了由 3 个层次、16 个指标组成的公共文化服务效能评价指标体系框架,以实现对公共文化服务的有效评价。⑤ 刘大伟等在公共文化服务的绩效评价中坚持工具理性和价值理性平衡的原则,实现公共文化服务绩效评价的结构转向主要体现在评价主体"公众本位"、评价指标"过程导向"和评价重心"获得导向",让公共文化服务绩效评价发挥出"价值-工具"的双重效应。⑥ 在绩效评价体系的研究

---

① 韩鹏云.乡村文化的历史转型与振兴路径[J].华南农业大学学报(社会科学版),2020,19(4):1-9.
② 戴艳清,彭雪梦,完颜邓邓.农村公共数字文化服务供需矛盾分析:基于湖南省花垣县的调查[J].国家图书馆学刊,2020,29(2):16-25.
③ 李明,王思明,李燕,等.江苏农村文化建设发展报告:2014[M].北京:科学出版社,2015.
④ 徐延章.乡村振兴背景下用户参与式公共文化服务设计研究[J].图书馆,2021(10):1-8.
⑤ 胡守勇.公共文化服务效能评价指标体系初探[J].中共福建省委党校学报,2014(2):45-51.
⑥ 刘大伟,于树贵.新时代公共文化服务绩效评价的结构转向[J].江西师范大学学报(哲学社会科学版),2019,52(6):11-18.

方面,张皓珏等在研究分析英国、美国、日本、澳大利亚、瑞典等国的公共文化绩效评价管理制度后,结合我国具体国情提出要制定科学有效的公共文化服务绩效评价体制需要明确理论支撑、以法治化作为根本保障、政府角色需向"主客同体"转变、评价主体需向"公众本位"转变等。[①] 薛艳着手于具体的公共文化服务绩效评价方法,在研究中借助 ACSI 模型提出公共文化服务的评价模型,并指出该评价模型必须充分反映公共文化服务公众满意度这一评价目标,从公众期望、感知质量、公众满意度、公众抱怨、公众信任等五个方面来设计评价体系。[②] 李永芳在研究中强调明确绩效评价主体的同时,要设置科学规范的评估程序和注重评估结果的反馈和应用。[③] 陈立旭强调建立公共文化服务体系建设绩效评价指标体系并纳入各部门的考评体系,同时将政府评价与专家、学者、公众等社会主体的评价有机结合,通过社会主体的广泛参与,提高公共文化服务政策评价的透明度、客观性和公正性。[④]

2. 国外研究现状

国外有关公共文化服务的研究可追溯到 19 世纪后半叶,研究内容丰富,主要集中在公共文化服务政策、公共文化服务供给主体、公共文化服务供给模式和公共文化服务绩效评价等 4 个方面。

(1) 公共文化服务政策研究

有学者认为文化政策的出现是由于政治制度的代理人干预文化产品的生产、分配和消费,文化政策体现了政治制度与文化的关系,并指出从目标、规范和意识形态,体制结构、代理和利益,访问和参与,分配经济资源等 4 个维度来分析文化政策和政治制度之间的关系。[⑤] 通过对第二次世界大战后的西方政府公共文化政策进行分析,有学者提出工程师型、建筑师型、庇护人型和提供便利型等 4 种文化政策类型:工程师型文化政策以冷战时期的东欧国家为代表,在该文化政策类型中政府直接掌控文化生产和分配的全

[①] 张皓珏,张广钦.国外政府公共文化服务绩效评价管理制度研究:对比英美日澳瑞五国[J].图书与情报,2021(3):125-134.

[②] 薛艳.公共文化服务绩效评估研究:以沧浪区为例[J].中外企业家,2014(19):60-62.

[③] 李永芳.政府公共文化服务的职能意蕴、尚存问题与创新路径[J].深圳大学学报(人文社会科学版),2020,37(2):100-107.

[④] 陈立旭.增强浙江公共文化服务能力的五点建议[J].观察与思考,2012(1):25-26.

[⑤] VESTHEIM G. Cultural policy and democracy: an introduction [J]. International journal of cultural policy,2012,18(5):493-504.

过程,文化政策完全服务于政治需要,政治目的高于艺术的自由;建筑师型文化政策以法国为代表,政府主导文化发展的理念,制定文化发展的框架,也相应承担着保护文化产业的发展和向公众提供公共文化服务的职能;庇护人型文化政策以英国为代表,政府担任庇护人的角色,文化资金的分配由独立的理事会决定,该政策的主要目标是提高文化活动的质量,而不是在公众中普及文化艺术;提供便利型文化政策以美国为代表,政府不提供直接的艺术资助,也不制定法规管理文化艺术活动,只是对艺术家得到的私人捐赠、礼物和奖金免税。可以看出,公共文化政策从工程师型到建筑师型再到庇护人型最后到提供便利型,政府介入的作用越来越削弱,文化自身的属性越来越得到凸显。有学者从文化政策实践的角度,选取英国、德国、法国、西班牙、瑞典和希腊等国家进行了文化机构在文化政策中作用的研究,并提出经费、议程设置、评估、层级、任命权等5个"接触点"框架,分析了文化政策中的工具主义。[①] 还有学者从政策实践角度出发,侧重分析了新冠疫情危机给韩国和日本的文化政策带来的冲击,指出韩国实现了"政策加速",日本引发了"政策运动",强调要持续关注文化政策存在的巨大未知。[②]

(2) 公共文化服务供给主体研究

早期对服务主体的研究局限于政府内部部门与内部人员之间通过进行不同的职能分工进而提供公共文化的服务。有学者提出,公共文化服务的供给通过政府内部不同层级的人员和技术专家的分工来进行,同时针对文化服务均一性强弱和政府层次高低的不同,对应布置落实文化服务的任务。[③] 有学者更倾向于通过跨部门合作来实现公共文化服务供给,也就是在政府内部树立整体性的服务观念,形成多部门联动提升公共文化服务质量,避免因为各自为政而阻碍公共文化服务的供给。随着公共文化的不断发展,国外学者也开始强调积极转变服务理念,鼓励社会多方参与公共文化服

[①] KIZLARI D, FOUSEKI K. The mechanics of cultural diplomacy: a comparative case study analysis from the European context[J]. The journal of arts management, law, and society, 2018, 48(2): 133-147.

[②] LEE H K, CHAU K L F, TAKAO T. The COVID-19 crisis and 'critical juncture' in cultural policy: a comparative analysis of cultural policy responses in South Korea, Japan and China[J]. International journal of cultural policy, 2022, 28(2): 145-165.

[③] PRAGER J. Contracting out government services: lessons from the private sector[J]. Public administration review, 1994, 54(2): 176-184.

务供给,实现了公共文化服务供给主体的多样化。萨瓦斯在研究中提出PPP(政府和社会资本合作)项目的公共产品供给模式,认为政府应该逐步放权,与私人部门合作,下放管理权,避免出现"市场失灵"和"政府失灵"。①有学者在研究中直接提出,公共文化服务要从政府单一供给模式向社会多主体转变,地方和社区的公共文化服务建设被重点表现出来,公民的作用不可或缺,应该积极参与到公共文化服务中去。还有学者在研究中指出,在公共文化服务供给过程中,政府既应该跨部门合作又应该充分与非政府组织联合,最终实现公共服务自下而上的可持续性创新。②

(3) 公共文化服务供给模式研究

由于每个国家的实际情况有所不同,国外大体形成政府主导模式、民间主导模式、民间与公众组织的分权化模式三种主要服务供给模式。政府主导型模式以日本、法国为代表,指各级均设有文化行政部门并对文艺团体进行有限的资助和提供比较完善的公共文化服务。奥斯本等提出政府存在的首要目的是确保服务目标实现,政府应为文化产品和服务的生产、输送构建和谐的社会氛围。③ 这是对以美国、加拿大、瑞士为代表的民间主导模式的一个很好的解释。有学者倾向于澳大利亚、英国为代表的民间与公众组织的分权化模式,认为应该将市场运行的纪律规则和私营部门实践应用于公共文化服务的管理,以实现公共部门和私人部门之间的协同增效,改善公共服务。④

(4) 公共文化服务绩效评价研究

国外学者从设计框架、指标选取、具体实践等方面展开研究。在公共文化服务绩效评价的设计框架上,沙提出发展中国家政府服务的绩效可以从国家绩效测量的范围、测量体系的构建、地方政府及专项公共服务的绩效测

---

① 萨瓦斯.民营化与公私部门的伙伴关系[M].周志忍,等译.修订版.北京:中国人民大学出版社,2017.

② PAPCUNOVÁ V, VAVREK R, DVOŘÁK M. Role of public entities in suitable provision of public services:case study from Slovakia[J]. Administrative sciences,2021,11(4):143.

③ 奥斯本,盖布勒.改革政府:企业精神如何改革着公营部门[M].上海市政协编译组,东方编译所,译.上海:上海译文出版社,1996.

④ GHOBADIAN A, GALLEAR D, VINEY H, et al. Public sector performance improvement through private sector management practices: a satisfactory solution? [J]. International journal of business performance management,2007,9(4):363-379.

量情况等多个维度来展开研究①;有学者通过对全国具备代表性的公共部门进行绩效评价的调研,提出进行绩效评价设计时引入 HPWS(高绩效工作系统)管理技术,进一步提升部门工作实效。② 在公共文化服务绩效评价的指标选取上,有研究对于评价指标的选取考虑得非常全面,他们指出评价指标的选取应该符合基于对公共价值的测量、使用者参与指标设计、不晦涩且通俗易懂、通过学者审议、获得一致认可、兼顾政策环境与潜在行为、贴近工作流程等 7 个标准。③ 在公共文化服务的绩效评价实践方面,西方国家有悠久的法制传统,其公共文化服务的绩效评价建立在相应的法律制度的基础之上。美国国会 1993 年通过的《政府绩效与结果法案》以法律的形式要求所有的联邦机构使用和发展绩效评估技术向公民报告绩效情况,此后进一步增加和完善相关体系,促进了绩效评估的推行。英国政府公共文化服务绩效评价的实践具有代表性,从 2002 年起,英国实施国民指标体系、全面绩效评估体系等对全国公共文化服务机构的运行绩效进行评价。

3.1.2.2 研究动态评析

从国内的研究内容分析,虽然我国公共文化服务的相关研究起步较晚,但是研究内容越来越多元化。一些国内的专家学者从体系构建、供给主体、供给实践与绩效评价等方面展开研究,总结出公共文化服务供给中存在的问题,提供了相应的解决措施,给公共文化服务供给工作提供了帮助。但当前国内对公共文化服务供给的研究仍存在一定的局限性。国内学者虽然提出了一些公共文化服务供给的新模式,但是在发挥社会组织与公众作用方面的研究稍有欠缺,对于苏北地区城市公共文化服务供给的具体实践方面的研究较为贫乏,对于公共文化服务供给面上不平衡的研究相对不够丰富。

从国外的研究内容分析,由于国外对公共文化服务的研究起步较早,在公共文化服务的政策、供给主体、供给模式、绩效评价等方面研究较为深入,有着良好的理论基础。但国外研究整体偏宏观,在落实到具体地区时,对于如何解决实际供给问题,如何加强整体供给效果上的研究相对较少。国外

---

① 沙.公共服务提供[M].孟华,译.北京:清华大学出版社,2009.
② BRYSON A,WHITF M. High-performance work systems and the performance of public sector workplaces in Britain[J]. Oxford economic papers,2021,73(3):1057-1076.
③ INNES J E, BOOTHER D E. Indicators for sustainable communities: a strategy building on complexity theory and distributed intelligence[J]. Planning theory & practice,2000,1(2):173-186.

对公共文化服务的相关研究和我国的国情不完全匹配,在实践中,我国只能部分借鉴国外的经验。

3.1.3 研究思路与方法

本章采用文献分析法和访谈法,按照"提出问题—分析原因—解决问题"的思路对盐都区公共文化服务供给问题展开研究。

3.1.3.1 研究思路

本章研究主题为盐都区公共文化服务供给,以"提出问题—分析原因—解决问题"的思路展开研究。

第1节:问题的提出。本节在充分查阅相关资料的基础上,介绍了研究的背景与意义、公共文化服务相关的文献研究综述、研究思路与方法、研究创新点与难点。

第2节:公共文化服务供给相关概念及理论基础。本节明确了本章写作的理论基础:新公共服务理论、公共治理理论和公共产品理论。

第3节:盐都区公共文化服务供给概况。本节通过实地观察访谈以及查阅盐都区年鉴、相关统计数据的方式,从公共文化服务的供给侧、需求侧、供给产品三个方面介绍盐都区公共文化服务供给和需求的现状。

第4节:盐都区公共文化服务供给所存问题分析。本节提出盐都区公共文化服务供给存在的三个方面的问题,包括供给侧供给能力不足、需求侧客体参与度低、供给产品与公众需求脱钩。在提出问题的基础上分析盐都区公共文化服务供给所存问题的原因,从思想认识不到位、参与渠道不丰富、要素投入不到位、监督管理考评不到位等四个方面展开论述。

第5节:国内外公共文化服务供给实践及启示。本节总结我国的广州市越秀区、上海市浦东新区、重庆市渝中区,国外的日本横滨市、英国伦敦市的公共文化服务供给实践经验并分析得出启示。

第6节:盐都区公共文化服务供给的对策建议。本节针对提出的问题,从转变观念,增强意识,筑牢各方思想基础;拓宽渠道,增强对接,丰富文化服务内容;培养人才,强化宣传,促进实现有效供给;优化管理,细化考评,提高服务供给质量等四个方面提供相应的对策建议。

第7节:本章小结。本节对本章的研究进行总结,同时针对研究的不足提出后续研究展望。本章的研究思路见图 3-1。

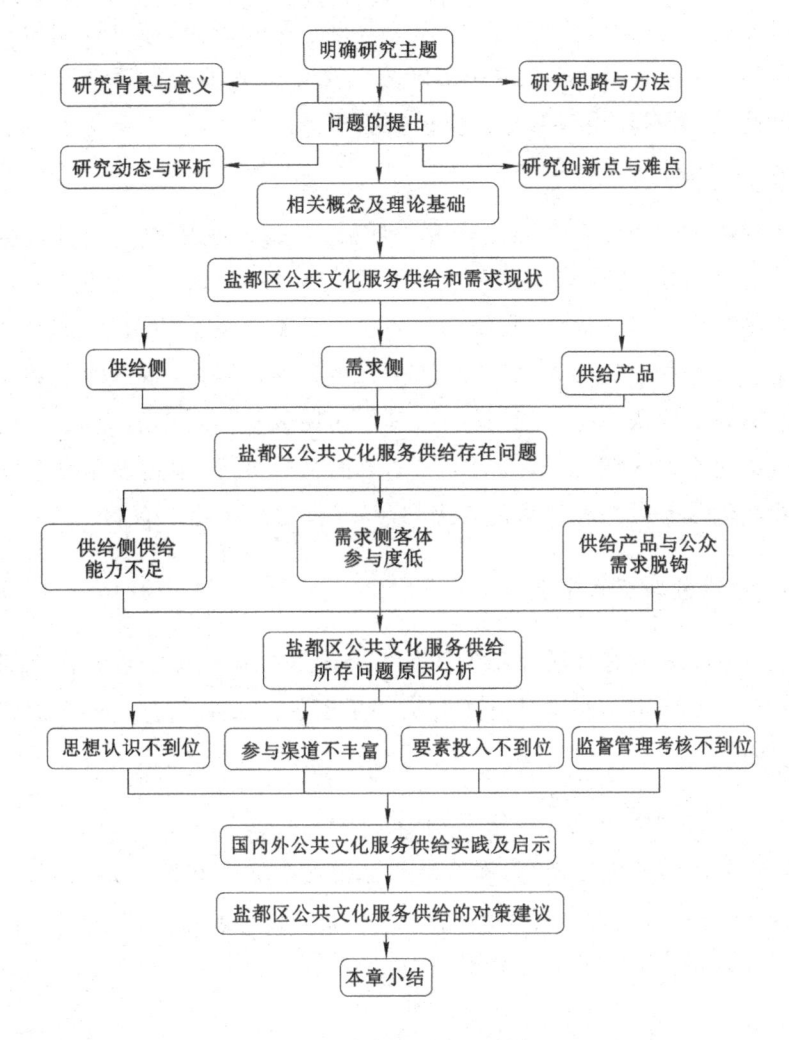

图 3-1 本章的研究思路图

3.1.3.2 研究方法

1. 文献分析法

文献分析法主要是通过收集、整理、分析现有的文献资料来探讨某一具体问题的研究方法。一方面，根据选题，查阅了大量关于公共文化服务供给方面的书籍、期刊和论文，并对其中的内容进行整理与分析，总结具有参考意义的研究,了解国内外公共文化服务建设的内涵与现阶段学术研究中的不同研究角度与观点,为研究奠定理论基础。另一方面,通过查阅盐都区政务网站和相关统计数据,了解盐都区公共文化服务供给的活动开展与资金投入等情况,为本章内容的写作提供数据支撑。

2. 访谈法

访谈法是指研究者在确定研究问题后,与访谈对象面对面直接交流获取相关信息的方法,具有较强的灵活性和便利性。通过与盐都区文化广电和旅游局工作人员交流,获取盐都区公共文化服务供给的总体现状;通过与乡镇文化服务中心负责人、村(社区)文化员沟通,了解乡镇具体公共文化服务供给的开展现状与存在的问题;通过与居民群众面对面的交流,了解他们对公共文化服务的获得感,摸清居民群众的文化诉求;通过多角度了解盐都区公共文化服务供给和需求的实际情况,掌握更加丰富的资料。

3.1.4 研究创新点与难点

本章从研究内容和研究结论两个方面出发分析研究的创新点。研究难点主要在于实地走访和文献查阅时第一手资料的收集整合及提出对策的实用性方面。

3.1.4.1 研究创新点

就研究内容的创新而言,本章聚焦盐都区公共文化服务供给问题,研究内容有利于提升国内相同发展水平城市核心城区的公共文化服务供给水平,可以为其他同类型城市公共文化服务供给的发展与振兴提供一定的借鉴。

就研究结论的创新而言,本章强调从公共文化服务的供需双方出发研究问题,探索建立畅通的沟通渠道。针对需求方参与不足的情况,建立需求方表达意愿的机制,供给方可以通过需求方的诉求来改进公共文化服务供给的方式方法,推动供需对接。这对于增强供给服务的精准性、提高公共文化服务供给的实际效能具有一定的帮助。

3.1.4.2 研究难点

本章的主要研究难点在于盐都区公共文化服务供给活动和国外有关公

共文化服务供给实践资料的收集以及提出对策的实用性和可操作性方面。

由于盐都区区域范围较大,开展不同内容公共文化活动的场次较多,实地参与的场次有限,板块选择可能不太全面。因此,本章所展现的盐都区公共文化服务供给活动的相关内容可能不够全面。

国外关于公共文化服务供给落实到具体地区的实践研究较少,相关资料不易收集,给借鉴国外先进公共文化服务供给经验的资料整理工作带来了一定的困难。

本章聚焦盐都区这一具体区域开展公共文化服务供给问题的研究,期望提升盐都区公共文化服务供给水平的同时对同类型城市的公共文化服务供给实践有所帮助。因此,如何使制定的提升公共文化服务供给的对策具有较强的操作性和实用性,是本章的研究难点。

3.2 公共文化服务供给相关概念及理论基础

本章着眼于研究盐都区公共文化服务供给问题,为明确研究的具体范畴,需要对公共文化、公共文化服务、公共文化服务供给这三个概念进行界定。同时,通过阐述新公共服务理论、公共治理理论、公共产品理论的具体内容明确本章写作的理论基础。

3.2.1 公共文化服务供给相关概念的界定

为明确本章写作对象的具体含义及所涉范围,需要对公共文化、公共文化服务、公共文化服务供给这三个概念进行界定。

3.2.1.1 公共文化

对于公共文化概念的解读,可以从公共文化的内涵和外延两个方面展开。从内涵上看,公共文化一般是指在政府主导下,各类组织和个人广泛参与的,面向社会公众开展的文化传播、推广的文化生活、提供的精神养料,以满足社会公众文化权益和精神文化追求为目标的各种文化产品和服务的总和。从外延上看,公共文化依托图书馆、文化馆、科技馆、博物馆等公共文化设施场所,向广大人民群众传播先进文化,丰富人民群众的精神文化生活。公共文化具有以下四点特性。

1. 公共性

公共性是公共文化的本质属性。公共文化与私有的、垄断的文化领域不同,是以满足社会公众的文化需求为目标的、面向社会公众的、公开的、可传播的一种文化领域。公共文化的公共性从受众来看,社会上的每一个个体不受任何差别对待,都拥有平等享受公共文化的权利;从传播的效果来看,公共文化的普及在个人层面有效地培养了社会公众的群体观念,帮助社会公众找到社会生活的舒适圈,在社会层面极大地促进了社会和谐稳定发展。

2. 共享性

公共文化的公共性在一定程度上体现出共享性的特征。公共文化是社会公众无差别的、平等的、共同享有的一种文化。原始社会时期,由于生产力水平不足,社会经济制度没有出现私有制,在文化上体现为公共的文化、共享的文化,此时的文化没有出现少数人的文化和多数人的文化的区别。随着经济社会发展,生产资料逐渐出现私有,社会阶层开始分化,各种资源向社会地位高的一方倾斜,不同阶层之间的矛盾加深,公共文化也出现了分化,公共文化更多的是体现为一种象征意义。如今,信息化迅速发展,文化资源的获取更加便捷,文化共享面越发广泛,社会公众对于公共文化生活的参与趋于无差别,体现了公共文化的共享性。

3. 价值性

文化由人类创造,是在历史过程中不断积累、沉淀、传承和发展的产物,文化本身具有一定的价值性。公共文化作为一种满足社会共同需要而形成的文化状态,既反映了一定阶段人类经济社会发展水平、能够有效记录历史的发展,又可以深远地影响到人类社会的不断发展。

4. 差异性

公共文化的差异性可以在形态、时间和空间上体现出来。在形态上,公共文化的差异性主要体现在公益性文化事业、民俗传统、社会类组织等多个方面。在时间上,由于公共文化既受当时经济社会环境的影响,又反映了不同时期的社会环境,所以在不同时间阶段有不同的表现形式,具有明显的时代特征。在空间上,不同地域的社会公众有着不同的生产生活方式,创造了不同地域的文化空间,这点在不同地域的风俗文化上体现非常明显。

3.2.1.2 公共文化服务

公共文化服务主要是指满足社会公众文化需求的文化产品和服务,具有非竞争性和非排他性。2016年通过的《中华人民共和国公共文化服务保障法》(简称《公共文化服务保障法》)第二条明确了公共文化服务的定义,提出公共文化服务是指政府主导、社会力量参与、以满足公民基本文化需求为主要目的而提供的公共文化设施、文化产品、文化活动以及其他相关服务。该条定义从主体、目的、具体内容等方面对公共文化服务进行了界定。公共文化服务具备以下四点特性。

1. 公共性

公共性是公共文化的本质属性。公共性的特征必然体现在作为公共文化实践领域的公共文化服务这一方面。公共文化服务从受众的角度来看,是面对并服务于全体社会公众的,是满足全体社会公众的、无差别的一种社会服务,受众的普遍性体现了公共文化服务公共性的特征。公共文化服务从主体的角度来看,把保障社会公众文化权益、满足社会公众精神文化需求作为开展服务的目标追求,主体的使命感体现了公共文化服务公共性的特征。

2. 文化性

公共文化属于文化领域,其本质特征自然体现出文化性的特性。文化性的特征体现在公共文化服务的设施设备和公共文化服务的受众两个方面。在公共文化服务的设施设备方面,公共文化服务所涉及的硬件包括图书馆、文化馆、科技馆、博物馆等地,这些硬件设施的设计体现了相当多的文化元素,大多数是与当地的民俗文化相结合的成果。依托公共场地展现的内在软件资料蕴含了丰厚的文化价值和精神内涵,更加直接地向社会公众传递文化知识。在公共文化服务的受众方面,文化传递需要受众的有效接受,才能达到丰富社会公众精神文化生活的目的。因此,公共文化服务需要受众自身可以有效接收文化信息,能够与公共文化服务所提供的内容形成一定的共鸣。只有产生共鸣,受众才能体会到其中的文化内涵,进一步提高受众的鉴赏能力,进而增加受众的知识储备,更多地产生文化共鸣,循环往复,不断提升受众的文化涵养。

3. 非营利性

公共文化服务以满足人民群众精神文化需求为目标,更多地注重社会公众的利益,而不是以营利为目的。一方面,大量的图书馆、文化馆、博物馆、科技馆、公园等地可以持证进入不需门票,免费地为社会公众提供活动学习场所。各类健身器材放置于方便社会公众使用的区域,免费提供给社会公众使用,后期的维护均为政府承担。全国各地各类文艺汇演、惠民巡演均免费对社会公众开放。政府不以营利为目的使广大社会公众可以充分地、平等地享受到政府提供的各种软硬件的公共文化服务,丰富了社会公众的文化内涵。另一方面,公共文化服务所提供内容的价值性无法以市场经济的交易模式体现,例如科普知识、影视作品等。公共文化服务更多的作用是社会主流价值观、传统文化、科学知识的传递,体现了一个国家的文化理念和内涵。因此,公共文化服务不以营利为目的,而是以正确的意识形态传播为主要目的。

4. 社会性

公共文化服务是以服务社会公众为主要目的的公共服务,其必然具备社会性的特征。我国作为拥有五千年漫长历史的文化古国,国土辽阔,拥有丰富的文化资源。在漫长的历史进程中,我国逐渐累积了大批的文化遗址、名人故居、古玩文物等,这些历史遗存物不断地由私人所属转化为社会性公共文化,对社会公众开放,成为社会公众了解认识历史的一种渠道。另外,公共文化服务的社会性还体现为公共文化服务的设施、产品是面向全体社会公众的,并不限制于精英阶层。公共文化服务具有大众化的特性,其表现方式和载体是采用贴近社会公众的平民化语言来呈现的,更好地满足社会公众的需要。

3.2.1.3 公共文化服务供给

公共文化服务供给是指政府、社会公众、企业、非营利性组织等多元主体,以满足供给对象的需求为出发点和落脚点,依托博物馆、图书馆、文化馆、科技馆等场所为供给对象提供各种公共文化服务,进而达到丰富人民群众精神文化生活,提高人民群众素质,促进中国特色社会主义文化繁荣发展的目的。公共文化服务供给从政治经济学角度来分析,体现出供给和需求辩证统一的关系。公共文化服务的质量和水平决定公共文化服务需求方消费的质量和水平。公共文化服务对象的需求反作用于公共文化服务供给的内容。公共文化服务供给的概念界定可从以下四个方面进行阐述。

1. 供给主体

随着经济社会的发展、人民文化需求的不断提升,公共文化服务供给主体的范围在不断发生变化,人们对于公共文化服务供给主体的认识也在经历着改变。政府一度被认为是公共文化服务供给的主体,承担着丰富人民群众精神文化生活、提高人民群众素质的主要责任。政府要制定合适的政策,全面主导公共文化服务事业,提高公共文化服务质量。近年来,人们逐渐认识到仅仅由政府作为公共文化服务供给的主体不足以实现公共文化服务精准有效供给,无法更好地支撑起公共文化服务的使命。因此,创建多元参与机制,形成政府、个人、社会团体、非政府组织和企业等多元供给主体,可以有效提高公共文化服务供给水平。

2. 供给对象

社会公众是公共文化服务供给的对象。公共文化服务的核心是以人民为中心,旨在不断丰富人民群众的精神文化生活,提高全民素质。因此,社会公众是公共文化服务供给的核心。从更加细化的角度来说,社会公众具有不同的职业特征、兴趣喜好、生活习惯、年龄层次、文化差异,公共文化服务的需求也有所差异,从而形成了公共文化服务供给的特定对象。因此,公共文化服务的供给对象不是简单的社会公众,而是基于不同公共文化服务需求的特定供给对象。

3. 供给内容

公共文化服务供给的内容涉及影视、网络、博物馆、图书馆等相关领域,是可以满足社会公众精神文化需求的各类文化设施、文化活动、文化产品和文化服务的总和。由于各地的实际不同,公共文化服务供给内容的侧重点也有所不同。本章根据研究对象盐都区的实际情况将公共文化服务供给内容概括为三类:一是与公共文化服务配套的关于机构设置、运营、激励等政策、措施;二是各类硬件场所、设施,主要是指文化馆、图书馆、群众文化艺术馆(简称群艺馆)、博物馆、乡镇借阅室、乡镇文化服务中心、农家书屋、户外的各类健身运动设施等;三是各类软件设施,主要是指各类场所传达的文化内涵、宣讲培训、科普活动、送戏下乡、全民阅读、非物质文化遗产(简称非遗)传承、广场舞等。

4. 供给方式

供给方式是指公共文化服务的供给主体从供给对象的需求出发,向供给对象提供公共文化产品或服务的规律性行为的统称。根据公共文化服务供给主体的变化,公共文化服务的供给方式存在不同。本章概括公共文化服务的供给方式有以下三种:一是以政府为主体提供,主要包括各类图书馆、群艺馆、文化服务中心、户外的各类健身运动器材等场馆设施和各类宣讲培训、科普活动、送戏下乡、全民阅读等实践活动;二是政府以外包形式与社会组织合作,例如影视、互联网、动漫、新媒体等相关内容,通过外包形式,获得社会组织更加专业的服务,提高公共文化服务质量;三是非营利的社会团体和公民个人参与供给,例如各社区的广场舞队伍、文化志愿者、优秀阅读员等开展的一系列公共文化服务活动。

3.2.2 理论基础

通过阐述新公共服务理论、公共治理理论、公共产品理论的具体内容,为分析盐都区公共文化服务供给中存在的问题及原因以及制定解决问题的对策提供相应的理论基础。

3.2.2.1 新公共服务理论

20世纪80年代经济危机后,全球各国政府均面对着资源匮乏、财政压力、社会整合等危机,传统的政府治理模式已经无法应对当前的局势。因此,急需重新界定政府的角色以有效地解决当前出现的问题。在此背景下,新公共管理理论在英国、美国、澳大利亚、新西兰等一批西方发达国家应运而生,并迅速影响到其他国家。该理论突出政府的作用是"掌舵",而不是"划桨"。近年来,在批判和反思新公共管理理论的过程中,出现了新公共服务理论,提出该理论的代表人物为登哈特夫妇,该理论主张政府要重视民主价值和公共利益,政府重在服务而不是"掌舵"。登哈特夫妇在著作《新公共服务:服务,而不是掌舵》中论述了新公共服务理论的七个基本观点。

(1) 政府是服务者而不是"掌舵者"。政府的角色需要向调停人、中介人甚至裁判员转变,要以满足公民利益需要为目标提供公共服务,而不是脱离公民需求实际、通过"掌舵"自行决定社会发展的方向。在面对实际问题时,政府需要提升协商、联动的技巧,与私营及非营利组织一起,制定解决问题的措施。

(2)公共利益是目的而不是副产品。满足公共利益是政府工作的主要目的,公共利益是管理者和公民的共同责任。政府需要营造一个良好的沟通环境,让广大公众能够自由对话,形成共同的公共利益观念,探讨社会的前进方向。政府必须在以公共利益为主导的前提下,以公平公正的原则来制定解决问题的方案。

(3)战略性思考,民主性行动。新公共服务理论认为,在符合各方利益的情况下,政策实行的效果可以通过各方的努力和协作得到增强。在此过程中,政府部门要以战略性眼光来发现公共服务体系中的不足,并不断优化。同时政府要为公民参与社会生活创造机会,保持自身的开放性、可接近性和回应性,并通过激发公民自豪感和责任感,鼓励公民参与社区契约的订立活动。

(4)服务于公民,而不是顾客。政府提供公共服务必须考虑公平公正的原则,不仅仅应该满足顾客短期的、个体的利益,更应该关注全体公民并与公民建立信任与合作关系。因为公民的范围更加广泛,代表的是基于共同价值观的共同需求。政府的服务对象为全体公民,关注的应该是全体公民的利益。

(5)责任并不是单一的。新公共服务理论认为,公务员受到公共利益、法律法规、职业标准、社会价值观念、政府的其他机构和其他层次、大众媒体、民主准则、公民等诸多因素的影响,因此要高度关注法律、社区价值观、政治规范、职业标准以及公民利益。在解决公共问题的过程中,公务员应该充分调动公民积极性,授权公民广泛参与,在此基础上作出决定。

(6)尊重人的价值,而不仅仅重视生产力的价值。不同于公共行政理论中的以效率为价值评估的重要指标,新公共服务理论强调以人为本,所有人员相互尊重,通过合作和共享,取得成功。通过分享领导权,让公民和公务员在互相尊重、互相支持的情况下,释放双方的公共服务动机并得到承认和支持。

(7)重视公民权利和公共服务。政府为公民所有,公务员作为政府工作人员,应该摒弃重视利润和效率的企业家思维,以负责任的参与者的身份来开展工作,要充分重视公民权利和公共服务,把满足公民的利益和合理需求作为工作的落脚点。同时，公务员应该积极担负起管理社会资源、监督公共组织、促进民主对话和指导基层生活的重要职责。

以上理论中涉及的政府职能转变、以公共利益为目标、服务于公民、重视公民权利和公共服务等观点为本章探索盐都区公共文化服务供给所存问题的原因及对策提供了相应的思路。

3.2.2.2 公共治理理论

治理一词源于拉丁文和古希腊语，长期以来和统治交叉使用，指控制、引导和操纵。20世纪70年代，西方出现社会、经济和管理危机，西方各国开始对国家和社会、政府和市场的界限进行重新界定，治理与统治的意义出现区分，治理开始作为一种新的政府管理理念出现。20世纪90年代以来，由于志愿组织、民间互助组织、行业协会等非营利组织的快速发展，公共治理理论迅速发展起来，对于治理的概念学界有着不同的界定。其中，1995年全球治理委员会对治理概念的表述具有代表性和权威性：治理是或公或私的个人和机构经营管理相同事务的诸多方式的总和，是使相互冲突或不同的利益得以调和并且采取联合行动的持续的过程。它包括有权迫使人们服从的正式机构和规章制度以及种种非正式安排，凡此种种均由人民和机构或者同意，或者认为符合他们的利益而授予个人和机构权力。[1]

公共治理理论旨在探索重塑国家和社会公共事务的管理模式，强调政府管理角色的转变，推动多元主体参与，实现善治。

（1）治理主体的多元化。公共治理的主体包括但不限于单一的政府部门，在社会生活中通过行使权利来获得社会公众肯定的公共或者私营部门也可以成为治理主体的一部分，共同开展公共治理。

（2）多元主体的界限和责任趋于模糊。随着志愿组织、民间互助组织、行业协会等这些可以满足社会公众的需要、解决公共问题且不需要政府干预的非政府组织的大量出现，政府逐渐将部分公共责任转移到非政府组织上。同时，政府通过委托代理的形式与私人部门合作，分担责任，从而使公共领域和社会领域、政府部门和非政府部门之间的界限趋于模糊。

（3）主体之间权利的互相依赖性和互动性。参加公共活动的各个组织

---

[1] The Commission on Global Governance. Our global neighborhood: the report of the Commission on Global Governance[M]. Oxford: Oxford University Press, 1995.

之间为了达成共同的目标,越来越相互依赖。这些组织通过谈判和交换资源,进行有效互动,建立主导者与职能单位、组织之间的谈判协商及系统协作等多种合作伙伴关系。

(4) 自主自治网络体系的建立。参加公共活动的各个组织之间为追求多元化和多样性基础上的共同利益,依靠自身优势和资源,通过放弃部分权利来进行交易。自主自治网络体系的建立既实现了权利的全方位分散,又增进了各个组织之间的相互信任。各个组织之间开展短期中期长期的自主合作,能够实现公共管理向自主自治网络化方向发展。

(5) 政府扮演"元治理"角色。在社会公共网络管理中,政府既要承担建立指导社会组织行为大方向的行为准则的责任,又要通过和社会组织、公民合作来实现良好的社会治理。公民需要具备足够的政治权利,通过行使选举权、决策权、管理权和监督权来与政府一起形成公共权威。政府需要最大限度地协调各方因利益冲突而引发的矛盾,并在各方积极协作的基础上实现公共利益的最大化,从而提高社会公众对公共管理的满意度。

本章引入公共治理理论,为明确公共文化服务供给主体多元化和监管考评主体多元化提供理论依据,从而满足各类公共文化服务对象的需求,最大限度实现公共文化服务的有效精准供给。

3.2.2.3 公共产品理论

公共产品理论是西方财政理论的核心,同时也是划分政府与市场职能关系、公共服务市场化的基础理论。该理论的源起最早可以追溯到1739年《人性论》一书,英国经济学家、哲学家和历史学家休谟在该书中通过分析"搭便车"问题,提出公共产品的提供者为政府。美国经济学家萨缪尔森和德国经济学家马斯格雷夫提出界定公共产品和私人产品的重要属性为非竞争性和非排他性,这一说法完成了对公共产品的经典定义。

在公共产品理论不断发展的过程中,政府和市场职能的范围也在不断发生变化,大概可以分为以下三个阶段。第一阶段,由于公共产品的非排他性、非竞争性和私人的趋利属性,政府被认为是公共产品的唯一供给者。但在此阶段,由于缺乏竞争,公共产品供给的数量、质量和效果无法满足社会公众的需求。第二阶段,私人供给公共产品逐渐得到重视,政府期待依托私人灵敏的市场嗅觉来开展公共产品供给的合作,从而达到激发市场活力、提高供给效率这一效果。但在此阶段,公众的意愿并没有得到明显重视,公众的意志无法体现,因此公共产品难以达到公众的期待。第三阶段,公共产品供给主体呈现多元化趋势,政府、公民、市场等多元主体从公众的需求出发,通过共同协作,提供公共产品,从而实现公众利益的最大化。在此阶段,公共产品的供给质量和效果得到了有效提升,公共产品理论也具有了一般适用性。

公共产品理论为本章从供需双方出发分析盐都区公共文化服务供给问题及对策提供了理论基础。

3.3 盐都区公共文化服务供给概况[①]

本节简要介绍盐都区的基本情况,重点从供给侧、需求侧、供给产品三个方面介绍盐都区公共文化服务供给和需求现状。

3.3.1 盐都区情况简介

盐都区隶属江苏省盐城市,位于江苏省中部偏东,地处江淮之间,北、东北、东、东南与盐城市亭湖区相连,南隔兴盐界河与泰州市兴化市相望,西、西北与扬州市宝应县、盐城市建湖县两县毗邻,是盐城市的西大门。

盐都区是盐城市经济、文化、教育中心,传承着里下河文化,拥有深厚的人文底蕴。盐都区区域面积1 016.2平方千米,户籍人口70.65万人,现辖8个镇、4个街道,1个国家级高新区、1个国家级创业园和1个省级旅游度假区。2022年盐都区实现地区生产总值714.81亿元,同比增长2.6%,一般公共预算收入42.82亿元,同比增长0.7%,体现了良好的经济基础。[②] 盐都区境内拥有丰富的土地资源和水资源,适宜农、林、牧、副、渔综合开发和全面发展,有"鱼米之乡"的美称。盐都区境内还有大纵湖旅游度假区、宋曹故居、华都森林公园、鞍湖三胡陈列馆、朱升文化生态园等一批丰富的文旅资源。

盐都区拥有丰厚的人文底蕴、良好的经济基础、丰富的自然和文旅资源,为盐都区强化公共文化服务供给提供了坚实的工作基础。

[①] 本节未标注出处的数据均来源于盐城市盐都区文化广电和旅游局相关工作业务数据。
[②] 数据来源于盐城市盐都区人民政府网站。

3.3.2 盐都区公共文化服务供给和需求现状

近年来,盐都区以建设"文化强区"为契机,以阵地建设为抓手,以文化输出为核心,以服务群众为根本,在全区上下积极开展各种不同形式的公共文化服务供给工作。盐都区公共文化事业取得快速发展,社会各项文化宣传活动日益丰富,公共文化服务的能力水平进一步提高,社会公众的满足感、获得感和幸福感逐步提升。

3.3.2.1 盐都区公共文化服务供给侧现状分析

对于盐都区公共文化服务供给侧方面的分析主要围绕供给主体、供给人才和财政投入三个方面展开。

1. 供给主体情况

盐都区文化管理部门结合当前公共文化需求,确定以政府作为公共文化服务供给的主体,公共文化服务供给各项工作由政府牵头开展,具体落实相关工作的部门为盐都区文化广电和旅游局、"四馆一团"①、各乡镇板块文化服务中心和各村综合文化服务中心。区级层面各相关部门,针对公共文化软性及硬性基建需求,优化供给保障,主要负责牵头制定各项文化政策、提供公共文化服务阵地的硬件设施和开展巡演、展览、讲座、培训、阅读等活动。镇村级层面相关部门,针对公共文化多元务实需求,提高供需契合,受区文化广电和旅游局委托协助管理当地文化市场,直接面对群众,一方面负责当地公共文化服务阵地设施活动内容的养护供给,另一方面负责供给对象参与公共文化服务供给活动的组织协调。镇村级层面相关部门是保证公共文化服务供给落到实处的重要支撑。

政府各相关部门除了以政府的身份作为供给主体提供文化服务外,还充分依托"盐都人"App成立文化志愿服务队,以文化志愿者的身份在全区范围内开展不同主题和形式的文化活动,切实丰富全区居民的精神文化生活。同时,盐都区区镇两级通过政府购买公共文化服务的手段来与春晖艺术团、乡韵淮腔艺术团、新时代艺术服务队等16个民间团体进行合作送文化下乡,进一步丰富了公共文化服务供给主体。

---

① "四馆一团"指盐都区文化馆、盐都区图书馆、盐都区群艺馆、盐都区博物馆和盐城市淮剧团。

2. 供给人才情况

由于盐都区公共文化服务供给的主体为政府,因此对于供给人才的分析主要侧重在盐都区文化广电和旅游局、"四馆一团"、各乡镇板块文化服务中心和各村综合文化服务中心工作人员上。

从区级层面来看,盐都区文化广电和旅游局的公共服务科和艺术科为公共文化服务供给的涉及科室,共有7人,均为在编在岗人员;该局下设的5个事业单位,分别为文化馆、图书馆、群艺馆、博物馆和淮剧团。截至2021年年底,区文化馆共有26人,其中在编人员14人;区图书馆共有25人,其中在编人员6人;区群艺馆12人,其中在编人员4人;区博物馆19人,其中在编人员5人;市淮剧团拥有副高以上职称的演职人员达31人。

从镇村级层面来看,截至2021年年底,盐都区14个板块的17个文化服务中心共有在岗的文化工作人员87人,其中28人在编,59人非编;4个板块的文化服务中心负责人为非编人员,还有19人占有文化编制的人员被借用在当地或上级政府的其他部门工作。从年龄层次分析,盐都区乡镇文化服务中心工作人员总体年龄偏大,87名在岗工作人员中有46名年龄在50周岁以上,35周岁以下的工作人员仅12名,另有数名兼职人员。各村综合文化服务中心均配备以兼职为主的1~2名文化联络员。

3. 财政投入情况

近年来,盐都区严格落实《公共文化服务保障法》规定,把公共文化服务放在经济社会发展的重要位置,逐年提高对公共文化服务工作的重视,并不断加大公共文化服务财政支持力度。2017年盐都区文化旅游体育与传媒支出同比增长24.32%,2018年增速有所回落,2019年和2020年增速有所提高,均在10%以上。盐都区文化旅游体育与传媒工作有力地推动了公共文化事业的繁荣发展。

盐都区文化旅游体育与传媒支出除维持本级公共文化服务阵地设施、活动开展、人员管理外,每年专项投入不低于100万元,作为"村村到"惠民演出补助资金,以一场演出区局、乡镇各出资2 000元的形式进行政府购买服务,保证全区一年不低于500场文化惠民巡演。同时,每年年终区局通过以奖代补的形式,按照每个板块当年开展的工作实际、产生文化效益情况发放专项文化资金补贴。盐都区各乡镇除区局发放的专项补贴外,本级财政每年会安排一定的文化经费,用于本镇村两级建设文化阵地、配备养护文化设施、开展文化活动等方面,切实为公共文化服务供给工作提供了一定的资金保障。2017—2020年盐都区文化旅游体育与传媒支出和盐都区一般公共预算支出情况见表3-1。

表3-1　2017—2020年盐都区文化旅游体育与传媒支出和盐都区一般公共预算支出情况[①]

项目	2017年	2018年	2019年	2020年
文化旅游体育与传媒支出(万元)	6 729.37	6 995.06	8 292.49	9 292.94
一般公共预算支出(万元)	591 800.00	627 500.00	852 700.00	925 800.00
文化旅游体育与传媒支出占一般公共预算支出比重	1.14%	1.11%	0.97%	1.00%
文化旅游体育与传媒支出同比增长率	24.32%	3.95%	18.55%	12.06%

3.3.2.2　盐都区公共文化服务需求侧现状分析

习近平总书记在论述供给侧结构性改革时指出,放弃需求侧谈供给侧或放弃供给侧谈需求侧都是片面的,二者不是非此即彼、一去一存的替代关系,而是要相互配合、协调推进。[②] 随着经济社会的发展,人民群众的物质生活日益丰盈,对于精神文化生活的追求逐渐加强。盐都区经济基础良好,2022年辖区内有户籍人口70.65万人,对于公共文化生活不断提出更加多元化、精细化的需求。

1. 共性化和异质化公共文化产品需求同步增长

当前居民收入水平和生活质量不断提高,对公共文化的需求不再拘泥于单一传统的共性文化产品,而是衍生出更多个性化和异质化的服务需求,追求多样化的公共文化产品体验,进而使得公共文化服务需求向多元化方向发展。

在对盐都区群众进行访谈调查时得知,社会公众除了对诸如文化活动

---

① 根据2017—2020年盐都区本级财政决算报告、盐都区文化广电和旅游局部门决算报告的数据整理得出。

② 习近平.习近平谈治国理政:第二卷[M].北京:外文出版社,2017.

中心、休闲健身场所、图书室、文艺汇演等共性的公共文化设施和文化活动保持常态需求外，不同年龄、性别、职业、爱好的人群对公共文化的需求趋向于个性化和异质化。有受访对象说："我年纪大了，眼睛花了，就喜欢听听淮剧。"有受访对象说："工作节奏比较快，压力比较大，我希望政府可以提供瑜伽训练，既有利于身体健康又有利于调节情绪。"还有受访对象说："我比较喜欢话剧的现场氛围，但是我们这里却很少能看到话剧演出。"可以看出不同的受访对象对于公共文化服务的需求有着不同的倾向性，类似话剧、戏剧、瑜伽训练、现代音乐等在内的个性化公共文化需求呈现快速增长趋势。

2. 社区空间性特征的公共文化需求不断增长

盐都区通常会以社区为单位参与和融入公共文化，所在社区的标识性文化更能引发社区公众的参与热情。因此，社区公众对于公共文化服务需求的社区空间性特征是不同社区间相互区分的一个重要维度，由此形成的多元化公共文化服务需求，背后是社区空间性特征的展现。

在对盐都区居民进行访谈时发现，不同社区居民的公共文化需求有所区别。例如，本地户籍人口为主的社区紧扣水乡主题积极自办贴合盐都区实际的群众性文化活动；外地户籍人口为主的社区对于公共文化的需求更多地体现了居民原本属地的文化习性，因此群体性的文化活动相对较少。城市中心位置的居民对于乡村民俗文化的需求有所增长，有受访对象说："主要就是想带着女儿去西乡看看水乡风景，吃吃农家饭，了解了解里下河的民俗文化。"城乡接合部的居民对各种文化软硬件设施提出了更高的要求，有受访对象说："我们这图书馆规模太小，图书品种也不多。另外，希望我们这里可以建设一个城南那样的体育馆，这样刮风下雨也可以锻炼了。"郊区居民对于公共文化的需求重点体现在各类文艺演出活动上，有受访对象说："希望政府可以多开展巡演活动，以后有演出的话，想让演出单位多加一些小品类节目。"由此可见，尽管文化需求的内容有不同的偏向性，但可以肯定的是，盐都区居民对于文化生活的需求量是不断提升的。

3.3.2.3 盐都区公共文化服务供给产品现状分析

盐都区为不断提高自身的公共文化服务供给水平，切实从基础设施建设的硬件方面和文化内容输出的软件方面下足功夫，不断丰富该区公共文化服务供给内容。

1. 公共文化基础设施供给情况

近年来,盐都区不断加强公共文化服务供给基础设施建设。该区以打通公共文化服务"最后一公里"、建成城乡"15分钟公共文化圈"为目标,大力构建以区示范文化阵地设施为支撑、镇(街区)文化服务中心为核心、村综合文化服务中心为基础、文明中心户为延伸的四级公共文化服务供给设施网络。

在区级层面,盐都区线下公共文化服务供给阵地设施主要是"四馆一团"。"四馆一团"均免费对外开放。盐都区文化馆,创建于1948年,于2012年迁入现址,新馆建筑面积6 000多平方米,馆内设有多种功能厅,可以提供读书培训、作品展览、文艺排练、文娱活动等各种相关场所,是群众开展文化娱乐活动的重要阵地。[①] 盐都区图书馆建筑面积6 000多平方米,馆内藏书约22.1万册,馆内设有多种类别阅览室、查询室、报告厅等不同功能分区,被评为"国家一级图书馆"。[②] 该馆自开放以来实现每日服务"不打烊",为人民群众提供持续性文化服务,切实保障公共文化权益。盐都区群艺馆是全省唯一的群众文化艺术馆,内设多功能厅、曲艺馆展厅、非物质文化遗产展示厅等数十个展厅。盐都区博物馆拥有历史人文厅、水乡民俗厅等展厅,2021年水浒文化博物馆被并入盐都区博物馆内,进一步扩大了盐都区博物馆的规模,丰富了馆藏内容。据统计,盐都区博物馆现有收藏文物从新石器时代、商周、汉代、隋唐、北宋、元代、明代、清代到民国及近现代共数千余件,体现了盐都区厚重的文化底蕴。盐城市淮剧团初建于1957年,该团数十年如一日始终坚持走近群众身边、贡献戏剧大餐,拥有丰富的戏剧创作精品,是盐都区公共文化服务供给的特色亮点。在线上公共文化服务供给方面,盐都区在区文化馆内建设了数字文化馆大数据中心,该数据中心充分运用"互联网+"手段,依托"江苏公共文化云"平台,构建文化馆数字化服务平台,不断扩大公共文化服务供给对象队伍。截至2021年年底,"江苏公共文化云"平台拥有关注用户超过117万,"盐都区公共文化云"板块开展活动超300场、资源点播量超3万条,切实做到公共文化服务24小时"不打烊"。

在镇级层面,盐都区建成17个功能设施齐全的文化服务中心。每个乡镇文化服务中心内设有图书室、书画室、电子阅览室、健身室、音乐室、舞蹈

[①] 数据来源于盐都区文化馆官方网站。
[②] 数据来源于盐都区图书馆官方网站。

室、服装道具室、棋牌室等，各功能室内提供相应的供给设施，包括各类图书、健身器材、体育器材、音乐器材、书画材料等。各乡镇的文化服务中心内均设有培训室，并配备投影设备，方便开展群众性培训及观影活动。近年来，盐都区各乡镇以建设"书香盐都"为契机，着力建设一批高层次的阅读空间，已在全区打造16个阅读新空间。盐都区成功打造的盐龙街道盐龙书房、郭猛镇文化服务中心、盐渎街道花吉文化大院三个空间获江苏省"最美公共文化空间"称号，进一步推进了全区公共文化服务供给的高质量发展。另外，盐都区24小时自助图书馆建设工作正在各镇有序推进中，大大加快了公共文化服务"不打烊"的步伐。盐都区各镇文化服务中心面积及藏书数量统计表，见表3-2。

表3-2 盐都区各镇文化服务中心面积及藏书数量统计表[①]

镇（街道、社区）	文化服务中心面积（平方米）	藏书数量（本）
郭猛镇	10 000	30 000
秦南镇	4 634	10 000
楼王镇	3 980	20 000
尚庄镇	3 200	13 000
盐龙街道	3 000	10 000
楼王镇北龙港社区	2 800	19 500
龙冈镇	2 100	30 000
大纵湖镇	2 000	15 000
大冈镇	1 860	20 000
盐渎街道	1 750	36 000
江苏盐城盐都台湾农民创业园	1 500	27 427
学富镇	1 111	10 000
潘黄街道	800	13 000
学富镇中兴社区	666	10 000
大纵湖旅游度假区	640	13 000
张庄街道	500	20 000
秦南镇北蒋社区	480	10 000

① 根据盐都区文化广电和旅游局、《盐都年鉴2021》的数据整理得出。

在村级层面,盐都区全区各村均已建设综合文化服务中心。各村的综合文化服务中心以教育宣传为主、文体活动为辅,配备了体育健身器材、儿童游乐设施、棋牌娱乐设施和书画材料等,并在综合文化服务中心内打造农家书屋和全民阅读角,每个村配备图书在1 000册左右。盐都区各村的户外均设置有文体广场,配备了户外健身器材、篮球筐等文体设施。此外,广播站也实现了村居全覆盖,进一步拓宽了公共文化服务供给的宣传渠道。

文化中心户是盐都区实施公共文化服务供给"最后一公里"的重要抓手,是实现公共文化服务供给全覆盖的重要补充。文化中心户主要指各类具有一定文化修养和文娱爱好的身边普通人,在自家房屋内,充分使用各类文娱设施,为身边人提供便于获取的、免费的公共文化服务的家庭主体。截至2021年年底,盐都区文化中心户已达到262家,为实现盐都区公共文化服务供给遍地开花筑牢了坚实基础。

2. 公共文化服务内容供给情况

在文化活动方面,盐都区近年来公共文化服务供给的重点活动项目是"我们的节日"文化惠民系列活动。该项目以"政府买单、群众受惠"的方式将公共文化服务送到群众身边,一经开展便受到了群众的广泛好评。"我们的节日"文化惠民系列活动主要包括"三送":一是每年由盐城市淮剧团、盐都区文化馆、盐都区群艺馆联合各板块文化服务中心组织在不同时间节点到各集镇、村居开展不同主题的送戏下乡活动不低于500场;二是由盐都区博物馆主办的民间藏品进农村展览活动,每年在各镇、街道、社区巡展约40次;三是由盐都区电影公司组织订购放映优秀国产故事和知识性较强的科教片,每年完成不低于3 060的放映场次。此外,盐都区多次举办江苏省快板大赛惠民演出、全国乡村优秀曲艺节目交流展演活动暨乡村题材曲艺创作论坛、"草房子"全民阅读周活动,极大地丰富了群众业余文化生活,带动群众文化品质和艺术素养的提升,进一步提高了盐都区文化的知名度和影响力。

在培训读书活动方面,盐都区以区图书馆、区群艺馆为主阵地,每年在读书日、读书月等重要时间节点开展专题阅读活动,在平时不定期开展各种不同类型、不同主题的文化阅读、专题讲座、面对面座谈、主题征文、阅读培训等文化宣传教育活动超200场次。盐都区文化馆拥有中国田汉研究会授予的第一个"小剧场艺术基地"的牌子,重点开展戏剧培训、化妆培训等活动,为相关人员创造良好的学习平台。各乡镇文化服务中心不定期地开展多种主题的广场舞培训、全民阅读、书法培训等公益性文化活动,切实丰富了人民群众在文化生活方面的选择,保质保量地满足了人民群众的文化生活需求。

在文化作品方面,近年来盐都区注重培育优秀的公共文化作品,取得了亮眼的成绩。盐城市淮剧团创作的《送你过江》等5部剧目先后荣获国家、江苏省多个戏剧大奖,获得专业领域的高度肯定。盐都区群艺馆和盐城市文化馆合作创作的数来宝《爱我你就抱抱我》荣获"群星奖"。盐都区文化馆音乐剧《一副眼镜》、盐都区群艺馆快板书《荷花荡里春风暖》和曲艺剧《盐阜往事》、盐都区楼王镇民歌《荡里小伙就爱唱》、盐都区郭猛镇小淮剧《心路》等多部作品荣获江苏省"五星工程奖"。

在非物质文化遗产传承方面,盐都区不断强化非物质文化遗产的保护与传承,出台《盐都区非物质文化遗产项目保护单位和代表性传承人管理暂行办法》等相关文件,制定非遗保护规划,建立非遗名录体系,健全非遗保护数字化档案,在各层各级全面推动开展非遗传承保护相关活动。截至2021年年底,盐都区非遗保护项目共33项,其中国家级1项、省级4项、市级20项、区级8项;非遗传承人39人,其中省级2人、市级20人、区级17人。近年来,盐都区成立非遗大师工作室5个,开展盐都区非遗传习培训18次、非遗技艺展示活动31次,组织非遗人才交流推介会8次,建成区级非遗展示厅1个,景区非遗展示中心1个,进一步推动人民群众关注传统文化、保护传统文化、传承传统文化。

3.4 盐都区公共文化服务供给所存问题分析

本节通过对盐都区公共文化服务实践中供给侧主体、需求侧客体、供给内容三个方面存在的问题展开分析,为制定相应解决对策提供支持。

3.4.1 盐都区公共文化服务供给存在的问题

盐都区公共文化服务供给存在供给侧供给能力不足、需求侧客体参与度低、供给产品与公众需求脱钩的问题。

3.4.1.1 供给侧供给能力不足

在对盐都区公共文化服务供给侧进行研究时发现存在供给能力不足的

问题,分别体现在供给主体单一和供给人才短缺两个方面。

1. 供给主体单一

盐都区政府未彻底转变服务理念、摆脱"掌舵者"的角色。区镇两级政府及相关文化部门负责公共文化服务供给的资金投入、资源分配、设施建设、活动安排等事项,并未发现盐都区公开出台相关鼓励社会力量参与、政府购买社会公共文化服务的政策文件,导致社会力量参与乏力。盐都区政府承担了公共文化服务供给的方方面面,形成了单一的供给主体。在公众不断追求文化服务多元化、精细化的当下,单一的公共文化服务供给主体显然无法满足公众的需求。一方面缺少社会资本的注入,政府作为单一的主体长期承担公共文化服务的资金压力,容易导致资金缺口,无法开展更加高质量、更加精细化的公共文化服务供给活动;另一方面,单一的供给主体会导致公共文化服务市场竞争主体的缺失,既无法满足人民群众的文化生活需求,又阻碍了公共文化服务事业的良性发展,影响了盐都区公共文化服务整体水平的提升。

2. 供给人才短缺

盐都区公共文化服务供给侧整体存在"重视建设、轻视管理"的现象,对于供给人才队伍建设不够重视,导致出现人才结构不合理和人才队伍不稳定的问题。① 供给人才结构不合理。主要体现在:一是人员总体年龄偏大。区级文化工作人员中的在编在岗人员以年龄在45周岁以上为主,不在编人员总体年龄结构均衡,镇级文化人员中50周岁及以上者已超过50%,可见供给人员整体偏老龄化,缺少新生力量,这导致开展公共文化服务供给活动的活力不足,文化工作开展容易跟不上时代的要求。二是人员文化素质偏低。盐都区区级层面文化人员除极个别学历低于大专外,整体学历为本科、大专各约占50%;镇级层面与区级相比,文化层次有所降低,高中及以下学历的文化工作人员约占33%;村级文化联络员学历以高中及以下为主,整体文化层次不高,学习能力有所欠缺,知识更新能力不强,现代化文化服务手段上手困难,文化服务能力较低。三是专业人才短缺。在盐都区实地考察中发现,盐都区文化工作人员中行政岗位人员居多,从事艺术创作的人员较少,人员专业不对口较多,缺少文化相关的知识储备和业务能力,无法提供高质量的公共文化服务。② 供给人才队伍不稳定。盐都区除区级层面的文化广电和旅游局及下属事业单位人员相对稳定外,各乡镇和村居文化工作人员缺乏稳定性。各乡镇文化服务中心为乡镇直接管辖,服从乡镇管理。有受访对象说:"我的职务是镇文化服务中心负责人,同时也是挂钩联系点干部,村里的大事小情都需要参与,镇里的中心工作也要参与,比如精准脱贫、安全整治等。由于精力有限,我对本职文化服务工作的投入有所不足。"

此外盐都区还存在乡镇文化在编人员被大量借用到其他部门和单位工作,导致岗编分离,只能借用别的不在编人员在综合文化服务中心开展工作。在编人员无法将专业技能运用到公共文化服务供给的实际工作中,这既是对于岗位人才的浪费,也造成了供给人才的短缺。村级综合文化服务中心工作人员多以兼职为主。有受访对象说:"我是村里的计生专干,之前做文化服务这个工作的是村里的会计,她忙不过来,书记就安排我来接手。我在完成本职工作的前提下,尽可能做好文化服务工作。其他村也基本上是这样。文化联络员没有行政职务,大多是兼职。"可见公共文化服务供给的质量无法得到保障。

3.4.1.2 需求侧客体参与度低

衡量一个地区公共文化服务供给水平的重要标准之一是人民群众的参与度。在盐都区公共文化服务供给的实践中,部分"顾客"还没有向"公民"身份转变,对于政府决策和公共服务供给的关注度不够,出现需求侧客体整体参与度较低的问题,从而导致公共文化服务供给空转,无法实现有效精准供给。盐都区公共文化服务需求侧客体即供给对象参与度低表现在以下三个方面。

(1) 供给对象由于缺少"公民"的身份意识,对于公共文化服务的相关内容供给决策反馈缺少参与。盐都区由政府这一单一主体实施公共文化服务供给,对全区公共文化服务供给的具体内容具有决定权。有受访对象说:"涉及公共文化服务供给相关事项的决策,主要由科室制定上报,缺少群众意见征集这一环节。"另外,在活动开展后,鲜少有供给对象对活动内容提出具体的反馈意见。

(2) 文化阵地设施使用率低。通过与相关文化单位负责人沟通与实地察看发现,区级的文化馆、群艺馆、博物馆、图书馆总体来说有一定的人流量,但是鲜少出现门庭若市的景象。镇村级的文化阵地除文体广场有一定的使用率,综合文化服务中心基本是闲置,很少有居民群众会走进综合文化服务中心使用相关设施。有受访对象说:"如果上级领导下来检查的话,我们会安排人员开展相应的活动。"

(3) 在实际开展文化供给活动时,供给对象参与度低。盐都区除文化惠民演出有相对较好的受众基础外,其他文化供给活动受众基础较差。有受访对象说:"现在为了响应上级号召,我们镇会不定期开展全民阅读活动,大多是以机关、村居工作人员参加为主,社区居民参与的不多。各类宣讲培训科普等活动基本上也都是这个情况,群众积极性不高。"可见供给对象中被动参与的居多,主动要求参与的较少,无法达到开展文化活动普及文化信息、传播先进文化的目的。

3.4.1.3 供给产品与公众需求脱钩

盐都区供给主体为单一的政府,供给方式倾向于"自上而下"。该区的公共文化服务供给基本停留在政府主动供给、群众被动接受的层面上,出现了供给内容、供给方向、供给要素等与供给需求相脱节的现象,进而产生了有供给无需求和有需求无供给的现象。

(1) 有供给无需求。从前文对于公共文化服务供给基础设施和活动内容来看,盐都区区镇村三级都有相应规模的阵地设施,并开展了文化惠民、全民阅读、宣传讲座、文化培训等大量文化活动。但是举办这些文化活动更多的是为了完成上级政府要求,在贴近个性化需求的精准供给方面做得依然不到位,存在供给内容雷同、缺乏差异和创新等问题。文化活动对供给对象缺乏吸引力,造成阵地基础设施的空置浪费和供给内容的低效输出。有受访对象说:"每个村都有农家书屋,里面提供不低于1 000册的图书。这些图书主要是由省、区和镇里直接订购或赠送,没有定期更换出新,图书虽然达到一定的数量,但是比较老旧,无法吸引居民的借阅兴趣。"另外,盐都区虽然每年都开展的送电影下乡活动,但是有受访对象说:"电影题材老旧,不具有吸引力,现在家家都有互联网,在家看电视舒服又自在,我觉着这个户外电影没有太多存在的意义了。"

(2) 有需求无供给。盐都区公共文化服务供给主体是单一的政府,在缺少充分尊重供给对象需求的情况下,常采用"一刀切"的公共文化服务供给方式。公共文化服务供给对于异质化和呈现社区空间性的文化需求的关注不足,从而导致公共文化服务供给的传统一致性与公众需求的多样性脱钩,难以满足供给对象的需求,无法实现高适配度、高精准性的供给服务,进而出现公众满意度不断降低的窘境。

3.4.2 盐都区公共文化服务供给所存问题的原因

3.4.2.1 各方思想认识不到位

思想是行动的先导。供给侧供给能力不足、需求侧客体参与度低、供给产品与公众需求脱钩等问题在一定程度上是由政府、企业、供给对象思想认识不到位所导致的。

1. 政府公共文化服务供给意识不到位

盐都区政府个别工作人员民本意识有所欠缺,开展工作时缺少公民导向,导致公共文化服务供给意识不足。个别政府部门把公共文化服务供给工作作为完成上级布置任务的硬性要求,而不是把公共文化服务供给作为符合公众利益、满足人民群众对美好生活追求的重要工作来做。盐都区政府对公共文化服务供给意识不到位体现在两个方面。

(1) 盐都区政府对公共文化服务供给的重视程度不够。尽管当前一直强调要转变政府服务职能,积极打造服务型政府,但是很多政府工作人员还没有将"GDP(国内生产总值)为王"的观念转变过来,依然存在项目为重、所有工作都围绕完成经济指标的现象,认为只要把经济指标搞上去,群众生活富裕了,就可以满足人民群众的生活需求。这种观念忽略了人民群众对于精神文化生活的追求,因此没有把公共文化服务供给作为重点工作来开展。对供给对象的需求缺乏充分的了解和尊重、基层文化站工作人员的离岗抽用、公共文化服务供给有需求无供给等现象均体现了盐都区政府对于公共文化服务供给工作不够重视,这在一定程度上制约了公共文化服务的有效供给,降低了公共文化服务的供给质量。

(2) 盐都区政府对公共文化服务供给工作的认识存在观念上的误区。盐都区政府"掌舵"角色转化不到位,没有摆正供给理念,缺少服务意识,对于公共文化服务供给的认识还停留在自上而下送文化的层面,未形成一套系统科学的供应链,这导致了公共文化服务供给设施和供给内容的雷同。盐城市公共文化服务供给缺少差异性、出现形式化,造成了供给与需求脱节,形成供需结构性失衡,无法实现精准供给。盐都区大多以重大节假日的文娱活动作为公共文化服务供给的重点。例如,在端午、中秋、国庆、元旦等重要节点上,各乡镇开展文艺汇演活动,但是对于日常公共文化服务的实质性精准性供给有所淡化。同时,对于节假日文艺活动的过于重视也容易造成重活动规模和感官享受,轻公共文化服务供给的价值取向现象。此外,盐都区还存在将阵地建设等同为公共文化服务供给的现象,导致重基建轻内容。例如,盐都区区镇村三级都建有相应规模的文化阵地,但缺少引人入胜的文化内容。因此,大多文化阵地无法真正吸引群众走进去并实际发挥文化服务的供给作用。

2. 企业参与公共文化服务供给的意识和责任感缺失

在公共文化服务供给方面,如果说政府既担任文化供给的参与者、又担当着文化供给的服务者的使命,那么企业则需要扮演着合作者、兴办者、捐助者的角色,可见在公共文化服务供给领域,企业的参与有着非常重要的作用。从盐都区公共文化服务供给的实际来看,企业的参与不足。就外部客观条件而言,盐都区企业等社会力量参与供给渠道并不完全通畅,出现这一现象的根本原因是企业自身参与公共文化服务供给的意识和责任感有所缺失,没有把维护和发展社会公共利益的事业作为自身发展的价值取向。

(1)受公共文化服务事业的性质影响,公共文化服务供给的主体长期被误认为是只有政府,认为政府在公共文化服务供给中拥有垄断地位,所有涉及公共文化服务供给的阵地、设施、内容都由政府承办。这种误解给部分企业造成一定的影响,认为公共文化服务供给领域和自身无关,自身没有权利也没有必要参与公共文化服务供给。

(2)企业的逐利本性决定了自身在实际经营中必然追求利益最大化。公共文化服务领域的投资前景并不非常明朗,投资回报率也不明确,部分项目的投资周期较长,短时间内难以看到回报,这对企业来说风险太高、难以接受。从盐都区公共文化服务企业参与的实际可以看出,除了存在企业参与较少的情况,在对参与公共文化服务供给的企业进行分析时发现,近几年盐都区参与供给公共文化服务的企业绝大多数为房产企业。这些房产企业多选择以捐助者的身份投资短时间内可以吸引并留住一定人流量的文艺汇演项目,方便在现场发放广告宣传单开展产品宣传,扩大产品知名度,打开产品市场,培养潜在客户。总体来看,企业对于基层公共文化服务供给项目参与乏力,大多数企业在公共文化服务供给方面的责任感有所缺失。

3. 供给对象缺少公共文化服务参与意识

根据新公共服务理论,公共文化服务作为公众享受公共利益的一种途径,要想取得良好的发展,发挥文化传播应有的作用,需要公众的积极参与。在与盐都区居民交流的过程中,可以发现盐都区供给对象对于公共文化服务供给的权利与义务意识有所缺失。

尽管我国公共文化服务供给工作已有序推进十余年,但是部分公众还未能及时完成将自身身份从"顾客"转向"公民",依然习惯于旧体制下的文化管理模式,对于自身应该享有的公共文化服务权利意识淡薄,对公共文化权利重视不足。在盐都区实地走访中可以发现,超过50%的受访对象对于盐都区现有的公共文化服务相关政策以及自身应享有的公共文化服务权利不清楚;有近50%的受访对象在谈及身边可以使用的公共文化服务供给设施时表示不清楚;在能说出部分公共文化服务供给设施的受访对象中问及是否会经常使用相关设施时,只有少数表示会经常使用;在问及对于该区的公共文化服务供给有无意见建议时,超50%的受访对象没有提出任何想法。文化部门相关负责同志表示,几乎没有收到公众对于文化服务供给工作的意见建议。这固然与盐都区没有搭建便捷的供给方和需求方的沟通平台有关,但同时也反映出盐都区的供给对象缺少公共文化权利意识。

在市场经济体制下,公众的价值观偏向实用主义,增加经济收入、提高生活水平对公众来说是更为重要、更为关注的话题,相较之下,文化生活有所弱化,供给对象的公共文化义务意识也有所缺失。在盐都区实地考察中发现,供给对象"公民"意识不足,公共文化服务的价值观培育塑造不到位,在公共文化服务中大多体现为被动参与,主动参与较少。这一点可以从盐都区文化志愿者服务队伍中的人员构成及活动开展体现出来。根据了解,盐都区文化志愿者以机关单位、事业单位、村居工作人员为主,供给对象参与供给并且常态开展志愿服务活动非常有限。另外,供给对象更愿意花时间从事简单的享受型娱乐活动,例如看短视频、看电视、打牌等,对于服务型的公共文化供给活动缺少热情,义务意识不强。

3.4.2.2 各方参与渠道不丰富

盐都区公共文化服务无法实现高质量高精准供给的原因之一是供给侧

主体和需求侧客体参与文化服务渠道不畅通。盐都区社会力量参与公共文化服务供给的渠道不畅通,导致供给侧供给主体单一;供给客体缺少表达文化需求的平台,文化服务没有从供给客体的需求出发,导致供需失衡,无法提高供给对象的参与度。

1. 社会力量参与公共文化服务供给渠道不畅通

根据公共治理理论,社会力量作为重要的公共文化服务供给主体,如果能够充分发挥自身优势,就可以盘活供给市场、丰富供给内容、提高供给的精准性。盐都区社会力量作为供给主体参与公共文化服务供给工作并不充分,造成了供给主体单一、有需求无供给的供需脱钩等问题。社会力量参与乏力的原因之一是盐都区没有搭建合理有效的平台,以致社会力量参与供给的渠道畅通。

在对盐都区为数不多的参与公共文化服务供给的社会力量进行分析时发现,社会力量参与公共文化服务供给工作的途径非常有限。民间团体主要通过直接与区文化部门负责同志联系对接后在乡镇开展公共文化服务供给;企业主要通过与盐城市广播电台联系后对接到具体乡镇开展公共文化服务供给。有受访对象说:"盐都区还没有建立公开的社会力量参与公共文化服务供给的有关渠道。"因此,具有参与公共文化服务供给意愿的社会力量经常面临找不到参与供给渠道的现象。盐都区社会力量参与公共文化服务供给渠道并不畅通,具体体现在缺乏政策支持保障和平台搭建不到位两个方面。

在政策制定方面,盐城市于2017年出台《关于推进现代公共文化服务体系建设的实施意见》,明确提出要研究出台市级公共文化服务和产品政府购买办法,公布政府购买公共文化服务年度目录,鼓励和支持社会力量通过投资或捐助设施设备、兴办实体、资助项目、赞助活动、提供产品和服务等方式参与公共文化服务体系建设。鼓励群众自办文化,支持成立各类群众文化团队。笔者在政府网站等公开平台进行查看时,并未发现市级层面相关文化服务产品的购买办法和购买目录的公开文件,同时也未发现关于鼓励扶持社会力量参与公共文化服务的相关文件细则。有受访对象说:"目前我局(盐都区文化广电和旅游局)还没有就盐城市实施《关于推进现代公共文化服务体系建设的实施意见》出台过相关文件。"可见引入社会力量参与公共文化服务供给缺少具体政策支持。

在平台搭建方面，盐都区区级层面既没有建立一套规范、公开、透明的鼓励社会力量参与公共文化服务供给的流程，也缺少一个社会力量与文化部门沟通交流的线上平台。这就意味着，政府既没有为社会力量参与公共文化服务供给搭建有效的平台也没有打通政府与社会力量实现有效对话的通道，可见社会力量参与公共文化服务供给渠道不畅通，这进一步加大了社会力量参与公共文化服务供给的难度。

2. 供给对象需求表达不畅通

根据公共产品理论，政府应该搭建无拘无束的对话平台来帮助公民表达自身的权益需求，实现政府与公民信息对称，满足公民的文化需求。盐都区存在需求客体参与度低、供给需求脱钩等问题，这些问题归根结底是供给方和需求方信息不对称引起的。

(1) 对公共文化服务的有效参与，需要供给对象具有一定的参与能力。这种参与能力包括参与技能、参与经验和参与知识等。在盐都区公共文化服务供给实践中，自身文化水平不高，限制了部分供给对象表达文化需求的欲望和能力，使其无法积极、准确地表达自身的文化需求。供给对象对于公共文化服务供给的文化内涵无法很好地理解，存在看得见、听得见却看不懂、听不懂的现象。这种现象一方面使得供给对象失去了参与公共文化服务的兴趣；另一方面也使得公共文化服务供给达不到传播文化、普及知识、教育公众、树立新风的理想效果。

(2) 盐都区缺少合理、顺畅的公共文化服务供给需求反馈渠道。供给对象反馈需求的途径无外乎线下和线上两个渠道。在线下方面，盐都区政府部门在开展公共文化服务供给前未落实公民导向，缺少意见征集环节。公共文化服务供给由区文化部门直接制定方案后实施供给服务，事后缺少相应的活动反馈及需求再征集环节。在线上方面，盐都区公共文化服务供给互动主要依托"江苏公共文化云"微信公众号和盐都区人民政府网站。"江苏公共文化云"微信公众号没有开通需求征集功能，盐都区政府网站里政民互动模块设立了意见征集栏目，但没有涉及公共文化服务方面的意见征集。可见，盐都区没有搭建好需求表达反馈平台，没有形成良好的需求反馈机制。

(3) 笔者在实地走访中发现，盐都区存在着对于公共文化服务需求整合不到位的现象。有受访对象说："我之前和村干部反映过小区文体广场设施老旧,但是没有得到解决。我感觉说了作用不大,后面也就不再反映相关情况了。"这一现象在一定程度上打击了供给对象的积极性,降低了供给对象的表达欲望,致使政府更加难以收集文化服务供给需求,进一步固化了"自上而下"式供给模式,供给内容和供给对象的需求难以有效对接,无法实现精准供给。

3.4.2.3 多种要素投入不到位

在分析盐都区公共文化服务供给存在的供给侧供给能力不足和需求侧客体参与度低时可以发现,人才队伍建设不到位和宣传不到位,导致了供给侧主体人才队伍薄弱以及需求侧客体获取信息困难等问题。

1. 人才队伍建设不到位

新公共服务理论主张人是管理和组织公共事务的重要因素。在公共文化服务供给实践中,文化人才是文化政策落实的具体执行者,只有将文化人才配备到位,充分发挥文化人才的优势,才能达到公共文化服务政策执行的最好效果,进而更深层次地满足社会公众的精神文化需求。因此,文化人才队伍的建设格外重要。盐都区公共文化服务供给存在的人才短缺问题是由供给人才队伍建设不到位引起的。

(1) 文化人才引进工作有所欠缺。盐都区重视招才引智工作,严格落实《盐城市"515"人才引进三年行动计划》精神,结合工作实际制定下发《盐都区关于升级人才政策激发"双创"活力促进高质量发展的意见(试行)》。但是,盐都区引进的大多是工科技术型人才,文化人才的引进相对薄弱。有受访对象说:"盐都区没有出台过关于引进文化人才的具体政策,有编制的文化工作者是严格按照编制考录机制引进的。对于有文化专业特长却无法通过编制考录程序的人员目前没有合理的政策来兑现相应的待遇,只能按照合同工的标准兑现待遇。因此,引进并留住专业的文化人才存在一定的困难。"

(2) 没有设置专编专岗的硬性要求。盐都区基层文化工作者存在总体年龄偏大、编岗分离、身兼数职的现象。这一方面是因为政府对于公共文化服务工作的不重视,另一方面是因为政府在文化用人政策上缺少专编专岗的硬性要求。乡镇文化服务中心文化编制人员的人事权在乡镇政府,区文化广电和旅游局不能直接干涉人事调动。同时,因为缺少专编专岗的硬性要求，政府会将更多的人力资源充实到其所认为的更加重要的岗位工作中去，不利于文化人才队伍建设。此外，在村级层面，盐都区未设立由区级层面直接招录的专职村级宣传文化员，无法引进素质高的专职文化人员，造成文化工作人员流动性大、文化素质偏低、文化工作责任落实不到位，这对于公共文化服务供给的质量有所影响。

（3）盐都区文化人才培养工作有所不足。盐都区文化人才队伍缺少完善的培训机制，对于人才队伍的培养存在投入不足、力度不大、频次不高、缺乏系统性等问题。笔者实地走访了解到，盐都区对于系统内文化工作人员的培养主要体现在开展培训工作上。一方面，盐都区文化工作人员入职前缺少相应的文化职业素养培训；另一方面，在职的文化工作人员参与的培训以碎片化为主，缺少系统化培训，同时培训的针对性、专业性还有所欠缺，导致培训工作效果欠佳。对于民间团体文化人才的培养，盐都区并未出台相关的政策文件，唯一与民间团体文化人才培养有关的工作便是区镇不定期组织的民间团体舞蹈培训。整体而言，盐都区文化人才的培养工作尚有不足，影响了文化人才队伍建设。

2. 宣传不到位

盐都区公共文化服务供给对象参与度低的一大原因是宣传不到位，信息不对称。宣传不到位包括宣传面覆盖率低、宣传内容不全面、宣传信息实效性差等，导致公共文化服务供给对象存在获取信息不全面、不及时、不准确等问题。供给对象无法参与公共文化生活，会被动地缺席公共文化服务供给。宣传不到位还包括宣传效果不尽如人意，无法引起供给对象的兴趣，无法激发供给对象的积极性，供给对象不愿意主动参与公共文化生活。

盐都区关于公共文化服务宣传工作不到位的原因体现在以下三个方面。① 文化工作者未积极响应号召，主观存在懈怠。文化工作者除区级为专职人员外，镇村两级人员往往身兼数职。因公共文化服务不是传统观念上的中心工作，故文化工作人员存在重视程度不足的问题，对于公共文化服务供给方面的宣传，文化工作者存在敷衍了事的心态。例如，笔者在实地走访中与文化工作人员交流关于有供给对象反映不知道文化服务中心功能和内部设施的情况这一问题时，有受访对象说："没有必要开展关于文化服务中心的功能与阵地设施的户外宣传，如果吸引过多人进场，后勤保洁工作量加大，增大了整体工作量。"文化工作者消极的态度导致了宣传工作不足和宣传工作不到位的问题,进而造成了社区群众不了解、不进场使用文化服务中心的情况。② 宣传能力不够。好的文化宣传需要文化工作者自身具备一定的业务能力。一方面,部分文化工作者号召力较弱,在开展文化活动宣传时,组织协调能力有所欠缺,无法动员群众参与文化活动。另一方面,部分文化工作者缺乏宣传功底,文化宣传缺乏创新,很难吸引供给对象的注意,从而难以激发供给对象的主观参与意愿。③ 宣传手段落后。盐都区公共文化服务供给的宣传渠道主要包括村居喇叭、入户宣传、微信公众号、新闻报道等。这些宣传渠道主要运用在开展文化活动方面。其中,村居喇叭、入户宣传是活动前宣传开展时间和主题的主要手段,村居喇叭存在着宣传时间受限的问题,而入户宣传则存在浪费人力且宣传面小的问题。微信公众号和新闻报道主要是用于文化活动结束后的宣传,几乎不会用来发布活动预告。经与文化工作者沟通得知,存在极少数情况会使用公示栏和微信群通知文化活动,因为公示栏信息不易及时看到,往往存在活动已开展结束、供给对象才获得相关信息的问题;微信群更多的是用于村内事务通知,很少发送文化活动的通知。宣传手段的落后使得政府无法及时准确地将相关文化活动的资讯传达到供给对象手中,降低了供给对象的文化生活参与度。

3.4.2.4 监督管理考评不到位

盐都区公共文化服务供给中日常监管和绩效考评落实不到位,导致供给工作缺乏公民导向,造成文化产品供给和公众需求脱钩,公共文化服务的高质量供给无法得到保证。

1. 日常监督管理不到位

开展公共文化服务供给日常监督管理工作是优化公共文化服务供给的重要方式。盐都区在进行日常公共文化服务供给方面的监督管理工作有所欠缺。

盐都区公共文化服务供给的监督管理主体仅限于单一的政府组织,未实现多元化。对于公共文化服务供给日常的监督管理通常是上级文化单位对下级文化单位开展的,没有畅通公众、第三方机构等外部力量参与监督的渠道。监管主体的单一性和内部性容易出现有问题而不自知和知问题而不整改的局面。盐都区公共文化服务供给的监督管理主体的单一性导致公共文化服务供给出现监督管理出现不客观、不全面的问题,无法保证社会公众的文化权益。

盐都区公共文化服务供给的监督管理不全面是造成公共文化服务供需脱钩的重要原因。在硬件设施方面,盐都区缺少日常监督管理,主要体现为重阵地打造、轻硬件管理,出现供给形式化。例如,每个乡镇都建设了文化服务中心和文体广场,但是内部存在设施老旧破损,不能及时更换的现象,部分文体广场的健身设施老旧、图书阅览室存在大量老旧书籍等。供给内容不能满足群众的需求,引发阵地空转、无效供给等现象。在文化活动开展方面,有受访对象说:"我局(盐都区文化广电和旅游局)会在政府购买民间组织进行文化惠民服务活动时开展监督管理,采用的形式主要是通过现场监督对活动内容和活动效果进行评价,没有建立系统的监管体系和评价标准。"此种监管方式个人主观性较强,而且没有建立相应的奖惩机制,活动开展的效果和民间组织的收益没有挂钩,对后续的文化活动供给质量的改善没有促进作用。另外,盐都区政府在各类宣讲培训、科普活动、非遗传承、全民阅读等活动开展中缺乏监督管理举措。活动开展的规模、内容、达到的效果只能体现在活动的总结报告中,缺少有效的监管,存在只为完成工作任务、不注重实际文化效果,存在形式主义问题。例如,部分文化活动以机关部门村居干部参与为主,未真正面向全体供给对象,没有达到公共文化服务惠及全体社会公众的工作要求。

2. 绩效评价机制不完善

绩效评价是政府管理和决策的有效工具,是各部门单位开展工作的"风向标""指挥棒",绩效评价机制的有效性与否在一定程度上决定了公共文化服务供给水平的高低。造成盐都区公共文化服务供需脱钩,影响公共文化服务供给质量的一个原因是公共文化服务供给的绩效评价机制尚不完善。

(1)绩效评价内容不合理。盐都区涉及公共文化内容方面的考评主要涉及文化活动阵地建设、文化惠民演出活动场次、全民阅读活动开展频次、宣传文化产业增加值占地区生产总值比重和人均接受文化场馆服务次数等指标。考评以能够直观看得见、数得着的硬指标为主要评价标准,没有体现文化场所的日常管理、供给质量、群众满意度和供给效果等软指标的内容。评价指标的不完整容易导致公共文化服务重基建轻内容、重建设轻管理,出现为配备而配备、为打造而打造的问题,绩效评价也就无法体现真正的公共文化服务供给水平。

（2）绩效评价主体单一、方式不合理。盐都区公共文化服务供给的绩效评价缺乏多元主体的参与，实行的是内部评价制度，由政府决定绩效评价的结构、内容和方式，同时也由政府担任绩效评价的主体。外部评价的缺失一方面会造成政府评价不客观、以肯定成绩为主；另一方面会造成评价主体缺少供给对象的参与，容易脱离供给对象的实际需求，以上级的决策指标判定供给对象的需求，而不是以供给对象的需求来设置绩效评价内容，造成供需脱钩的问题。另外，绩效评价的方式停留在看台账、听汇报方面，缺少难以追溯的供给过程的监管评价，文字内容反映出来的公共文化服务与实际情况还存在一定的偏差，影响到绩效评价的结果。

（3）绩效评价结果没有得到有效应用。绩效评价应该为下年度公共文化服务供给措施的改进提供相应的依据。但是，盐都区公共文化的绩效评价局限于年度考评，评价结果的唯一作用就是评先评优，对于绩效评价中发现的问题，没有深入分析、制定具体的措施对工作进行改进，这样也就让绩效评价失去了意义。

3.5 国内外公共文化服务供给实践及启示

本节通过分析国内广州市越秀区、上海市浦东新区、重庆市渝中区和国外日本横滨市、英国伦敦市等地的公共文化服务供给实践，总结相关先进经验，为制定盐都区公共文化服务供给的对策提供相关启示。

3.5.1 国内公共文化服务供给实践

国内选取了广州市越秀区、上海市浦东新区、重庆市渝中区的公共文化服务供给先进经验进行考察。广州市越秀区拥有一个第二批国家公共文化服务体系示范项目，上海市浦东新区入选为第二批国家公共文化服务体系示范区，重庆市渝中区入选为第一批国家公共文化服务体系示范区。广州市越秀区和重庆市渝中区分别为相应市的老城区、上海市浦东新区则跨越市中心和郊区，三个区域均与盐都区的实际有契合之处。因此，选取的三个研究对象在契合的区域位置、先进的公共文化服务供给实践等方面对盐都区公共文化服务供给工作具有较强的参考价值和借鉴意义。

3.5.1.1 广州市越秀区公共文化服务供给实践

广州市是我国首批历史文化名城,越秀区是广州市最具历史的中心城区,也是重要的文化中心。近年来,广州市越秀区始终秉承文化立区的理念,重视公共文化服务阵地打造,推进公共文化服务供给工作快速发展。

1. 用活资金,推动公共文化服务社会化运作

广州市越秀区高度重视公共文化服务供给工作,先后出台多个文件,落实文化资金投入。该区每年安排专项经费用于扶持区、街重点文化项目,落实经费对特级文化站和一级文化站进行补贴。"十三五"规划以来,广州市越秀区在制定区国民经济社会发展规划和实施政府实事项目时,将区、街道、社区三级文化设施建设纳入其中,切实强化资金保障。良好的经济基础和雄厚的资金背景给政府购买社会服务提供了强有力的支撑。越秀区通过政府购买社会服务、吸引民间资本、鼓励公众参与等方式,有力地推动实现了公共文化服务的社会化运作。

2. 突出特色,打造公共文化品牌

近年来,广州市越秀区紧扣"文化核心区"定位,深挖本土历史文化内涵,着力打造红色文化、岭南文化、海丝文化以及创新文化等四大文化品牌,切实丰富公共文化服务供给内容。

3. 整合资源,实现文化服务资源共享

《广州市越秀区文化旅游体育发展"十四五"规划》指出,"十三五"期间,广州市越秀区为吸引公众广泛参与公共文化服务,在整合线下和线上两个资源方面狠下功夫,进一步提升了公共文化服务质量。线下方面,广州市越秀区全面建成以区图书馆、文化馆、博物馆为中心、以街道文化站为支点、以社区文化活动室为依托的"10分钟文化圈",完善公共文化服务网络。同时,持续开展家门口的文化惠民活动。线上方面,广州市越秀区大力推广"互联网+"技术,全面推动智慧图书馆、数字文化馆和云端博物馆建设,方便公众能够居家享受到公共文化服务。移动端的智慧图书馆可为读者提供约130万种电子图书、1 300种电子期刊,智慧图书馆长期举办各类讲座、培训、阅读推广活动等。数字文化馆是在"越秀文化云"小程序中,针对各类人群举办展览、艺术讲座、惠民演出、周末剧场、免费培训等。云端博物馆依托增强

现实技术,重点宣传该区红色文化旅游资源,公众可通过该云端博物馆查看中共广东区委旧址、中共三大会址纪念馆等多个红色史迹点,为公众足不出户畅享红色文化资源提供了便利。

3.5.1.2 上海市浦东新区公共文化服务供给实践

上海市是我国最大的经济中心和重要的国际金融中心,具有丰厚的历史文化底蕴,是"海纳百川,兼容并蓄"的海派文化代表城市。2019年年底,上海市率先全域基本建成现代公共文化服务体系。上海市浦东新区位于上海市东部,是上海市面积最大、常住人口最多的区。上海市浦东新区既有位于市中心区域的全国金融中心陆家嘴,也有大量区域位于郊区。上海市浦东新区从市中心到郊区的一体化发展在公共文化服务方面有着自身的独特性。2016年10月,该区顺利入选"第二批国家公共文化服务体系示范区",率先建成了现代公共文化服务体系,承担了公共文化服务示范探路的使命。

1. 建设"15分钟公共文化服务圈"

上海市浦东新区公共文化设施从区延伸到街道、居民区,已构成以社区文化活动中心为主体的三级设施网络,给城乡接合区提供了现实样本。该区制定发布《浦东新区基本公共服务"15分钟服务圈"资源配置标准体系》,以文件形式明确文化服务圈的配置标准,强化硬件设施建设。对于上海市浦东新区远郊和农村区域适当倾斜,给予每镇一定金额的一次性经费补贴,用于建设家门口的文化服务中心。在三级文化服务场所设施完善的基础上,上海市浦东新区创新推广社区文化中心延时开放制,推出错时、延时开放方案。家门口的文化活动中心加上错时、延时服务成就了"15分钟公共文化服务圈",这为该区广大的上班族提供了更多享受文化服务的机会,让公众"随时可来",使公共文化服务变得更多样、更高效。

2. 实施菜单式联动供给服务

上海市浦东新区创新开展"点单式""订单式"公共文化服务供给配送工作,有效将公共文化服务从传统的政府配送、百姓接收转化为百姓点单、区镇村资源整合、政府分类补贴、精准配送、百姓反馈等。为完善"点单式""订单式"公共文化服务配送工作,提高公共文化服务供给质量,上海市浦东新区先后制定多个关于公共文化配送的制度性文件,对公共文化配送工作具有一定的指导意义。在百姓点单方面,该区依托线上的"浦东文化"微信公众号和线下的文化站、村居文化功能室等,摸清群众需求,接收群众点单。区镇村三级平台根据收集到的群众需求和各地人口实际进行集散化配送。公共文化配送资金舍弃传统的"拨款制",转而使用"购买制",通过对文艺演出、培训讲座、艺术导赏等十大门类文化服务采用团购方式,推出千元以下"文化惠民菜单",既能满足公众多样化的文化需求又能有效压缩经济成本。公共文化服务的配送主体除各类文化机构、文化组织、艺术院校、文娱企业外,还纳入了学生社团和文化志愿者,不断充实了公共文化服务的供给力量,实现精准配送、多样配送。公众在公共文化服务配送完成后可进行评价反馈,上海市浦东新区文化体育和旅游局会根据公众的评价及部门的评估给予基层文化活动室奖励或调整公共文化服务供给主体和内容,从而提高公共文化服务供给质量。

3. 打造丰富的公共文化产品

上海市浦东新区重点实施"文化＋""＋文化"战略,通过不断加强政策服务、优化营商环境拓展发展空间。2018年,上海市浦东新区发布《浦东落实"市文创50条"的实施办法》,推出"浦东文创16条",该办法提出文创的6个核心板块,明确了文创产业的支柱性地位。上海市浦东新区提出文博跨界融合发展理念,该区近年来陆续推出"浦东文化旅游地图""微旅行""老建筑"等旅游项目。例如,祥生船厂旧址、东岸·民生艺术码头、傅雷旧居也已成为浦东文博元素与商业、艺术、文化元素融合的标杆,成为优秀文化产品的一部分。此外,上海市浦东新区注重保护和传承非物质文化遗产。2019年,上海市浦东新区制定了《国家级项目〈上海绒绣〉振兴五年规划》,并在此基础上进行拓展,对所有非遗项目开展专题保护研究;2020年,启动了新一轮的浦东新区非遗保护名录项目和传承人抢救性记录工程,对全区非物质文化遗产进行逐个保护。上海市浦东新区通过"非遗在社区""非遗进学校"等形式,让社会公众了解非遗、保护非遗、传承非遗,不断丰富公共文化服务的供给内容。

3.5.1.3 重庆市渝中区公共文化服务供给实践

重庆市渝中区位于长江上游地区,是重庆市的"母城",3 000年江州城、800年重庆府、100年解放碑,积淀了巴渝文化、抗战文化、红岩精神等厚重的人文底蕴。近年来,该区进一步深挖历史文化底蕴,提出"人文渝中"建设工作,以满足人民群众文化需求为目标,通过激发释放文化活力,不断提高公共文化服务水平。2013年10月,重庆市渝中区率先入选第一批国家公共文化服务体系示范区。

重庆市渝中区紧紧围绕"标准化、均等化、社会化、数字化"以及融合发展理念,先后开展城市化进程中文化服务供给均等化研究、文化遗产的公共文化服务属性和保护开发利用研究,充分调动各项文化资源,实现公共文化服务供需有效对接,积极构建现代公共文化服务体系。

在经费保障方面,重庆市渝中区以地方财政投入为主,每年该区投入不低于同期财政经常性收入的1%用于公共文化服务建设且逐年递增。[①] 重庆市渝中区出台《渝中区文化产业发展专项资金管理办法(试行)》,用活文化资金,不断激发社会各方参与公共文化服务的积极性。同时,该区积极搭建公益文化项目合作发展平台,大力推动政府和社会资本合作。这一举措既强化了公共文化服务资金保障,又推动了社会力量发挥在市场上的优势和创造力,为社会公众提供更丰富、更高质量的文化服务,有利于实现政府、社会力量和社会公众多赢的局面。

在人才保障方面,重庆市渝中区对下辖区文化馆、图书馆启动科学核编,落实每个街道文化服务中心不低于三名全额事业编制人员的制度,为所有社区均配备一名财政补贴的文化指导员和一名文化志愿者。同时,重庆市渝中区依托"十百千万"工程,在全区集中开展业务培训,致力培养百名高素质的群众文化骨干,为公共文化服务的人才队伍输入源源不断的新鲜血液。

在监督考评方面,重庆市渝中区把公共文化服务体系建设纳入党委、政府工作绩效考评体系,倒逼政府转变公共服务职能。重庆市渝中区对于政府购买的公共文化服务建立了一套规范细致的购买流程,实施全过程监管,进一步健全完善了公共文化服务的监督考评机制。

3.5.2 国外公共文化服务供给实践

本部分内容选取了"东亚文化之都"日本横滨市这一极富当地文化特色

---

① 重庆市渝中区国家公共文化示范区创建情况汇报[EB/OL]. (2012-10-09)[2022-01-03]. https://www.mct.gov.cn/whzx/bnsj/ggwhs/201903/t20190329_841045.html.

的城市和"文化创意产业之都"英国伦敦市这一以文化产业为发展原动力的城市作为研究对象,对这两个城市的公共文化服务供给实践进行了分析总结。

3.5.2.1 日本横滨市公共文化服务供给实践

横滨市是日本一个港口城市,由于对外开放早,文化交流频繁,加之自身独特的港口自然资源,形成了具有地域特色的城市文化,成为日本近代文化的发祥地。丰厚独特的文化底蕴为日本横滨市开展独具特色的公共文化服务供给提供了良好的工作基础。

在公共文化服务供给主体方面,横滨市为典型的"政府主导"式供给。与盐都区文化广电和旅游局全面负责文化发展工作有所区别,日本横滨市文化事业由文化观光局和教育委员会分别承担部分工作职责,通过制定文化事业整体发展规划、设立多种文艺评奖和文化基金等方式,吸引社会力量、私营企业、供给对象等群体参与供给公共文化服务。社会力量、私营企业参与公共文化服务主要体现为政府每年拨付定额的资金,由社会力量、私营企业运营和管理除图书馆以外的绝大多数文化设施。供给对象参与公共文化服务供给主要体现为日本横滨市在公共文化服务政策制定前会经过民意征集和政策审议环节。

在公共文化服务供给设施方面,横滨市具有较为完善的设施网络,数量类型丰富。其中,采用总分馆制的图书馆有19家;各类博物馆和美术馆有43家;类似于我国文化馆的综合性公共文化设施公民馆中有社会教育角1家、区民文化中心11家、终身学习中心17家、地区中心80家、社区之屋115家。[①] 庞大完备且遍布社区的公共服务设施网络把公共文化送到供给对象身边,切实提高了公共文化服务的可达性。

在公共文化服务供给内容方面,横滨市充分结合当地实际,凸显横滨特色。开展以横滨三年展、横滨电影节、横滨音乐节为代表的展览节庆活动;政府、文化机构等联合开展主要服务于青少年的文化艺术教育活动;开展以鼓励文艺创作为主的文化艺术评奖等,在吸引公众参与、弘扬本土文化、注重教育引导的同时,满足了不同群体的公共文化服务需求。

---

① 曹磊.日本横滨市公共文化服务体系概述[J].上海文化,2014(10):112-118.

3.5.2.2 英国伦敦市公共文化服务供给实践

伦敦市是英国的政治中心,拥有众多博物馆、图书馆、电影院、戏剧院等。厚重的历史积淀、发达的经济基础、多样的文化碰撞、丰富的文化场所让伦敦市成为英国乃至全球重要的文化中心,也为伦敦市高质量的公共文化服务供给提供了重要的基础。

就公共文化服务供给主体而言,伦敦市政府、非政府公共文化机构、民间文化协会三者作为公共文化服务供给的主体分别承担了不同的角色,互相独立,以保证政治和文化相分离,确保公共文化服务供给的专业性。其中,政府主要负责制定文化宏观政策,同时扮演赞助者的角色,支持公共文化服务工作主要以财政拨款的形式来实现;非政府公共文化机构作为"中介",管理文化项目进度,分配文化经费;具体公共文化服务供给项目的实施由民间的文化协会来完成。

就公共文化服务供给资金来源而言,伦敦市采用政府、企业和社会三方多元资助的模式。伦敦市政府虽然通过拨款给非政府公共文化机构管理具体的公共文化服务供给,但是政府的财政资助具有一定的门槛且不定期下放,政府财政下放的资金往往不能满足文化机构自身发展所需。因此,伦敦市政府积极鼓励文化机构争取社会资助,同时通过成立企业赞助艺术联合会、发行彩票等形式拓宽多元化的融资渠道,充实公共文化服务供给资金。

就公共文化服务供给内容而言,伦敦市被称为"文化创意产业之都",其发达完善的文化创意产业,让文创产品充满了伦敦特色,充分达到传播文化、服务公众的效果。伦敦市作为"文化创意产业之都",从20世纪90年代起,伦敦市政府就充分发挥主导作用,陆续制定出台相关文件,鼓励扶持文化创意产业。在取得初步成果后,伦敦市政府又积极利用体育文化资源,拓展行业领域,逐步做大文化创意产业。与此同时,伦敦市政府注重从娃娃抓起,培养文化创意产业的生力军,保证源源不断的人才输送。

3.5.3 国内外公共文化服务供给的启示

在对国内外五个公共文化服务供给地区的供给实践进行分析后,本部分从供给主体、供给资金、供给方式、供给内容等四个方面进行总结。

3.5.3.1 多元主体参与公共文化服务供给

广州市越秀区依托"品牌民间文艺团队孵化基地"指导打造民间文艺团队。上海市浦东新区将公共文化服务供给主体从各类文化机构、文化组织、艺术院校、文娱企业扩展到学生社团和文化志愿者。日本横滨市通过设立文化基金吸引社会力量、私营企业、供给对象等群体参与供给。英国伦敦市将政府、非政府公共文化机构、民间文化协会作为公共文化服务供给主体，三者各司其职开展公共文化服务供给，从而实现公共文化的共建共享。

从以上经验不难看出，通过政府这一单一的渠道开展的公共文化服务供给活动，无法满足人民群众日益增长的公共文化需求。因此，政府应发挥引导作用，制定支持政策，打造服务队伍，培养、塑造文化品牌，多方式多层面调动非政府组织、慈善机构、公民个人等各方积极性，从而不断丰富公共文化服务供给主体，提高公共文化服务供给效率。

3.5.3.2 拓宽公共文化服务供给资金渠道

广州市越秀区通过制定出台《越秀区民办博物馆建设扶持办法》，以提供土地优惠和适当补助的方式来吸引社会资本参与公共文化建设试点项目。重庆市渝中区通过积极搭建公益文化项目合作发展平台，大力推动政府和社会资本合作，吸引社会力量为社会公众提供更丰富的公共文化服务供给资源。英国伦敦市通过鼓励文化机构自筹资金、成立企业赞助艺术联合会、发行彩票等方式，形成政府、企业和社会三方多元资助模式。

扎实的资金基础是公共文化服务工作开展的重要基石。盐都区应制定并落实相关引资政策，通过搭建平台、设立项目、成立基金会等举措将社会资本引入公共文化服务行业，缓解政府资金压力的同时帮助企业发现文化行业的商业价值，取得经济效益。

3.5.3.3 优化公共文化服务供给方式

要实现公共文化服务精准供给，必须通过优化公共文化服务供给方式来达到供给方和需求方的有效对接。广州市越秀区"互联网+"云端移动式公共文化供给服务、上海市浦东新区"点单式""订单式"联动供给服务、日本横滨市社区可及式文化设施供给等供给方式，进一步关注了公共文化服务供给的精准性和便利性，在更大范围使社会公众便利地享受到公共文化服务供给设施和内容的基础上,摸清供给对象需求,切实完善公共文化服务供给内容。

盐都区应该重点关注公共文化服务供给的精准性和便利性,通过线上线下同步发力来优化供给方式。在线上,充分依托微信小程序、文化平台等网络手段,提供诸如图书、戏剧、舞蹈、歌曲、艺术培训等丰富多彩的线上公共文化大餐,不断扩大公共文化服务供给受众;采用线上点单的方式,摸清公共文化服务供给受众的需求,平台根据收集到的群众需求和各地实际进行集散化配送,这种公共文化服务供需双方间畅通便捷的交流方式对于提高公共文化服务供给的精准性和有效性具有很大帮助。在线下,应当针对不会使用智能设备的人群在基层文化站点设立文化需求现场征集点,摸清需求,采用田间地头流动式服务供给,从而惠及公众。

3.5.3.4 丰富公共文化服务供给内容

广州市越秀区结合自身实际打造红色文化、岭南文化、海丝文化以及创新文化等四大文化品牌。上海市浦东新区依托优越的城市地位,打造6个核心板块的文创产业,提供丰富的文创产品。日本横滨市凸显横滨文化的三大活动以及英国伦敦市的文化创意产业。可以看出,以上地区都注重结合自身实际,开发富有地方特色的文化产品。这样既丰富了当地公共文化服务供给的内容,又有利于当地文化的对外传播,打造城市文化品牌,吸引更多的群众到当地旅游。总之,具有地方特色的文化产品不仅能够在一定程度上刺激城市的经济发展,还能够催生更加丰富的公共文化服务供给产品。

盐都区在开展公共文化服务供给工作时不能一味盲目照搬别人的供给内容,而应该紧密结合自身特色,深挖红色资源、非遗资源,打造盐都区本土化的文化品牌,丰富公共文化服务供给内容。

3.6 盐都区公共文化服务供给的对策建议

本章分析了盐都区公共文化服务供给存在的三个方面的问题,包括供给侧供给能力不足、需求侧客体参与度低、供给产品和公众需求脱钩。从这三个问题出发,展开研究分析,得知盐城市盐都区公共文化服务供给存在各方思想认识不到位、各方参与渠道不丰富、多种要素投入不到位和监督管理考评不到位等问题。本节运用新公共服务理论、公共治理理论和公共产品理论,针对盐都区公共文化服务供给具体存在的问题,借鉴广州市越秀区、上海市浦东新区、重庆市渝中区、日本横滨市和英国伦敦市等5个地区的先进供给实践经验,提出相应的对策建议,以期提高盐都区公共文化服务供给水平。

3.6.1 转变观念,增强意识,筑牢各方思想基础

要切实提高盐都区公共文化服务供给水平,必须从政府、企业、供给对象等多方思想观念着手,积极树立民本意识,强化为他人服务的理念,筑牢各方思想基础。

3.6.1.1 提高政府民本意识

盐都区政府落实公共文化服务供给的行动不到位,究其根本,是政府思想认识不到位。政府应该切实树立民本意识,在思想根源上重视公共文化服务,在行动上提高公共文化服务供给实效。

政府应该明确公民导向,提高对于公共文化服务供给的重视。衡量一个社会文明程度的重要标准除了体现在经济的发展上,还体现在文化的进步上。政府应该从传统的"GDP为王"的理念转变为经济与文化并重的理念。工作重心不应该仅仅停留在追求数字化的经济指标、以经济条件来衡量群众的生活标准上,经济作为文化发展的基础固然十分重要,但是经济发展的最终目的是让群众享受更加美好的生活,而文化服务供给正是满足群众精神追求、实现美好生活的重要方式。优秀的文化服务供给内容能够弘扬社会主义先进文化,强化群众精神文明建设,培养群众先进生产理念,在一定程度上为经济的发展提供良好的社会氛围。

政府应该摆正公共文化服务供给的角色定位。在当前建设服务型政府的大形势下,盐都区应将政府角色从"掌舵"转变为"服务",实现从"管制型"政府向"服务型"政府的转变。一方面,政府要重视民主价值,强化民主导向,转变重政绩、轻实效的落后理念和"自上而下"的供给惯性,真正做到服务于民、服务为民。政府要从供给对象的需求出发调整供给内容,凸显差异性和文化价值取向,真正做到精准供给。另一方面,政府需要明确自身服务

者的定位。盐都区政府在公共文化服务供给中扮演着"掌舵"的角色,显然已经无法满足供给对象的需求。因此,政府需要积极转变自身角色,成为服务者,充分开展公共文化服务需求调研,摸清区内群众文化需求,从公众需求角度精准施策,营造良好的社会公共文化服务氛围,提高社会力量的参与意识,鼓励引导社会力量参与公共文化服务供给,为供给主体多元化提供思想基础。

3.6.1.2 提高企业参与供给意识

根据公共治理理论,企业、志愿组织、民间互助组织、行业协会等社会力量应该承担部分公共责任,从而使公共领域和社会领域、政府部门和非政府部门之间的界限趋于模糊。企业应该明确自身在公共生活中所扮演的角色,切实提高责任意识,把维护和发展符合社会公共利益的事业作为自身发展的价值取向,积极参与公共文化服务供给。

一方面,政府职能从"掌舵"转化为"服务",明确了公共文化服务供给的主体应当多元,企业有参与公共文化服务供给的权利和义务,应该积极提供公共文化服务和产品。另一方面,企业应该强化责任意识,弱化逐利本性,充分利用自身资源充足、贴近市场、应变迅速的优势,积极和政府建立短中长期的合作关系,充分挖掘盐都区公众的文化需求,把满足公众的文化需求作为企业发展的其中一环,寻求符合公共利益和自身发展的契合点;企业应该明确定位自身发展的前进方向,满足公众文化生活的同时不断壮大企业规模,与公众获得双赢。

3.6.1.3 提高供给对象参与文化生活意识

政府应该充分发挥民主作用、利用"公共服务的心境",帮助供给对象树立为他人服务的价值观,驱使供给对象在该价值观的指导下,从事公共文化服务工作。供给对象应该明确公民身份,关心更大的社区,正确认识自身所具备的文化权利和义务意识,切实从思想上提高参与公共文化服务供给的意识。

政府应该着力优化公共文化服务供给方式,从提高可达性着手,增强供给对象参与公共文化供给的自豪感和满足感,提高供给对象参与文化生活的意识。在线下,盐都区可以建立流动文化车和文化小分队,开展"里下河民俗文化""淮剧嘉年华""欢声笑语走基层"等紧扣盐都区特色的不同主题的文化活动,以下乡走村进组送文化的形式,提高公共文化服务的便利性、可达性,以实地参与活动提升供给对象的自豪感和满足感,激发供给对象参与文化生活的积极性。在线上,盐都区可以利用现代化技术手段,整合网络文化资源,建设网上图书馆、网上博物馆、网上剧场等,通过手机 App、微信公众号或者政府网站向供给对象提供文化大餐;可以充分依托盐都区网红直播基地,放大"直播+"效应,通过"直播+阅读""直播+文旅"等方式,推广盐都区特色文化。此外,盐都区要抓住 5G 大环境的机遇,利用网络注册资料、浏览搜索记录收集用户信息,针对供给对象不同的职业、年龄、兴趣爱好,精准推送公共文化服务供给内容。做好线上公共文化服务供给不仅提供了足不出户享受文化生活的便捷方式,还进一步实现了公共文化服务供给内容的精准推送,切实激发了供给对象参与文化生活的兴趣。

3.6.2 拓宽渠道,增强对接,丰富文化服务内容

高质量的公共文化服务供给一方面有赖于多元主体的共同参与,另一方面要通过供给对象的广泛参与来得以体现。因此,政府应该积极拓宽渠道,摸清需求,增强对接,引进多元主体开展差异化、精准化公共文化服务供给,促进实现公共文化服务供给内容的多样化。

3.6.2.1 畅通社会力量参与公共文化服务供给渠道

根据公共治理理论,盐都区应该扮演"元治理"的角色,积极完善政策、搭建平台,畅通社会力量参与供给渠道,从而实现公共文化服务供给主体多元化。

借鉴广州市越秀区出台的《越秀区民办博物馆建设扶持办法》和重庆市渝中区制定出台的《渝中区文化产业发展专项资金管理办法(试行)》等政策文件,充分结合盐都区本土实际,以"水乡文化"为主题,通过土地政策、税收优惠、低息贷款、财政补贴等方式提高政策支持,打造一批群众性文化队伍,引入一批社会性文化投入资金,壮大一批本土性文创企业。优惠的政策、符合盐都区本土定位的主题可以畅通企业、民间组织、志愿组织、社会团体等社会力量参与公共文化服务供给的渠道。引进社会资本,打通企业等社会力量参与公共文化服务供给的渠道,对于政府而言,可以有效地缓解财政压力;对于企业而言,进军文化产业既打开了新的市场、拓展了业务范围,又可

以发现文化的商业价值、取得经济效益;对于供给对象而言,丰富了供给主体和供给内容,获得了更加充足的文化资源;对于文化市场而言,可以充分运用企业敏锐的"嗅觉"优势捕捉到供给对象的需求,实现公共文化服务的精准供给,避免资源浪费的同时大大繁荣了文化市场,从而实现多赢。

政府可以加大公共文化服务供给购买力度,增加政府购买内容,这样既可以引入多元供给主体,又可以丰富公共文化服务供给内容。盐都区应按照盐城市《关于推进现代公共文化服务体系建设的实施意见》文件要求,出台有关公共文化服务和产品的政府购买办法、公布政府购买目录,以文件形式明确政府购买流程和购买内容,以便社会力量与政府之间实现有效对接,为引入优质的公共文化服务内容提供保障。为保证购买公共文化服务供给的公开性、透明性,政府应完善购买服务信息公开制度,对社会公众公示资金使用情况;应充分利用"盐都文旅"微信公众号或者门户网站搭建线上交流平台,打通社会力量与政府、供给对象三方对话的有效通道,为实现精准有效的公共文化服务供给提供良好条件。

3.6.2.2 搭建公共文化诉求表达平台,提供精准文化服务

根据新公共服务理论,政府要真正了解公民的需求,并能够回应公民的需求。因此,盐都区需要搭建公共文化诉求表达平台,畅通群众参与渠道,强化供需对接,确保实现需求导向的公共文化服务精准供给。

(1) 搭建公共文化诉求表达平台。群众自身存在年龄、学历、性格等方面的差异性,在搭建需求反馈平台时政府应充分遵循公民导向,综合考虑,实现线上和线下同步推进,确保群众的可接近性和可操作性。在线下,政府可以通过在文化阵地设立现场意见征集点、网格员定期开展入户走访、文化部门定期开展问卷访谈、聘请第三方开展实地调研等活动,深入群众,了解群众真实需求,实现有针对性的公共文化服务精准供给。同时,尊重群众建议权和质询权,在实施重大公共文化服务供给前进行意见征集,供给过程中同步收集群众反馈信息。文化部门通过现场答复、电话回访、社区公示等方式及时给予处理,让群众感受到被政府回应,不断激发群众参与公共文化服务供给的积极性。在线上,盐都区可向江苏省文化和旅游部门申请在"江苏公共文化云"微信公众号设立群众需求反馈模块,征集群众需求反馈建议,这既可以方便盐都区自身收集相关信息,又可以推进省级文化供给需求反

馈信息收集工作,带动全面实现供需有效对接。同时,优化盐都区政府网站设计,突出政民互动模块,鼓励群众及时反馈文化需求。此外,还可以充分依托微信群进行需求反馈信息的收集。总之,线上板块收集的信息要及时进行汇总处理,做好未被采纳建议的线上解释工作;对于被采纳的建议要通过线上平台予以及时公示,再由政府或自行或通过社会购买等形式将需求建议向实际供给进行转化,努力回应群众的需求,提升群众获得参与需求表达的满足感,进一步提升群众参与需求表达的自豪感和责任感,强化供需对接。

(2) 提供精准文化服务。盐都区应该强化需求导向,根据供给对象多元化的文化诉求,突出个性化和品牌化,提供精准公共文化服务。针对异质化和社区空间特性的公共文化需求,应该因人因地制宜,进行更加精准化、个性化的供给服务,以适应供给对象需求。此外,盐都区应该注重深挖本地特色文化,打造本土文化品牌,丰富文化服务内容,提高群众的认同感和参与感。一是充分挖掘水乡文化和传统民俗,立足盐都区名人文化、淮剧文化、曲艺文化资源,打造一批体现地方特色的文艺精品;二是充实"欢歌笑语走基层"品牌活动内容,切实将优秀的文化内容送到百姓身边;三是加强本地非物质文化遗产保护和传承工作,定期开展非遗进校园、进社区等活动,进一步让群众了解非遗、保护非遗、传承非遗;四是擦亮盐都区红色文化,依托以烈士命名的镇村打造红色地理标志,根据盐都区红色故事创作文艺作品,打造盐都区红色文化品牌;五是加快文旅融合,充分依托蟒蛇河人文历史馆、里下河渔文化博物馆等,积极发展具有盐都区文化特色、历史传承、民俗民风的文旅路线,并在此基础上打造实用性强、欣赏性高的文创产品,丰富文化市场。

3.6.3 培养人才,强化宣传,促进实现有效供给

盐都区应该注重强化文化人才培养,不断充实公共文化服务供给主体队伍。一是从提升宣传信息质量和提高文化信息透明度两个方面着手加强宣传,推动供给对象参与公共文化生活;二是从丰富供给主体和提高供给对象参与度两个方面发力,加大投入,有利于实现公共文化服务的有效供给。

3.6.3.1 强化文化服务人才队伍建设

盐都区应切实做好供给人才的培养工作,通过强化人才引进、加强业务

培训,不断壮大公共文化服务供给队伍。

1. 培育多类型公共文化服务人才

盐都区应该拓宽文化人才引进渠道,完善文化人才服务机制,强化文化人才管理工作,确保"引得进、留得住",培育多类型的公共文化服务供给人才。通过充分释放政策红利,制定管理激励政策,建设稳定而健全的文化人才队伍。在政府供给人才方面,对于区镇两级政府单位有编岗位建议专岗专招,与统一的入编考试有所区分,文化人才考录要以文化专业为主要内容,合理安排笔试与面试的比例,确保入编人员的专业性,提升人员岗位的匹配度,畅通上升渠道,以良好的晋升空间留住文化人才;对于编制不够的单位,建议采用人事代理制度,通过"五险一金"和建立良好的物质奖励政策来引进并留住文化专业人才;对于村级文化工作,建议由区级层面统一招录,注重从年龄阶段、学历程度、专业素养等方面从优选配,在薪资政策上给予适当倾斜,确保一村一名专职文化宣传员,筑牢基层供给人才基石。

此外,政府应该切实增强文化专职专岗意识,强化文化人员管理,杜绝人员随意借调,确保人尽其才,保持供给人才队伍的稳定性。在社会供给人才方面,一是政府强化志愿服务宣传,畅通志愿服务参与渠道,通过发放荣誉证书和适当的物质奖励,积极吸引有文化服务才能和文化服务兴趣的社会公众进入文化志愿者队伍;二是培育民间团体,通过提供活动场地、资金支持和技术指导,培育一批本土化的民间团体,重点挖掘盐都区本土文化,并通过创作文艺作品来诠释"水乡"文化内涵;三是做好非物质文化遗产传承人的培育工作,通过建立激励和保障机制,从薪资待遇、社会保障和社会声誉着手,吸引社会公众从事非物质文化遗产传承工作,赓续传统文化。

2. 注重公共文化人才培训工作

盐都区应该注重公共文化人才培训工作。应建立完善的培训机制,每年定期开展公共文化人员培训活动,确保公共文化人才与时俱进,不断提高供给人才的专业素养。一是盐都区可以通过"走出去"和"请进来"双向强化人才培训力度。通过"走出去"的方式,积极参加上级部门组织开展的文化业务培训,区级层面也应该开展外出培训活动,不断拓宽视野,以实地察看、现场体验的方式学习先进的公共文化服务供给实践经验,强化全区公共文化服务供给能力水平。通过"请进来"的方式,可以聘请相关专家,针对不同的文化供给人才开展不同专题的培训,例如,针对政府文化供给人才,主要从学习先进地区经验、专业业务培训等方面着手,提高政府供给人员的服务意识、文化素养和业务能力;针对社会文化供给人才,可以重点开展淮剧、老虎鞋制作、八桅立式大风车制作、柳编、莲湘、剪纸等具有盐都特色的文化业务培训,提高文化专业性,提升文化服务水平。二是盐都区可以通过纵向交流和横向学习来构建人才培训网络,增进供给人才的交流学习,提高业务能力。落实纵向交流,可以安排区级公共文化部门人员到乡镇挂职锻炼,既能帮助区级文化工作者深入农村,创造出贴近群众生活、有血有肉的文化作品,契合群众的文化需求,又能以点促面,为乡镇公共文化服务供给工作增加活力;同时可以分批次选派乡镇文化工作人员到区里交流学习,开阔乡镇文化工作人员视野,增长才干,强化公共文化服务供给能力。推动横向学习,主要是在镇与镇、村与村之间通过文艺演出、经验分享、现场会等形式,为各类供给人才创造交流学习的机会,帮助他们在实践中摸清群众的文化需求、提升自己的专业技能,从而丰富强化公共文化服务的供给力量。

3.6.3.2 丰富文化宣传举措

新公共服务理论提出,公民应该充分获取公共生活的相关信息,为自身参与公共文化服务供给创造机会。盐都区应该切实加强公共文化服务供给内容的宣传,提高知晓率,进而有力推动供给对象参与公共文化生活。盐都区可以从丰富文化供给的宣传方式和内容两个方面强化公共文化供给宣传。

在宣传文化供给方式方面,在充分运用村居喇叭、入户宣传等方式的同时,要把宣传工作做细做新,避免宣传流于形式、缺乏实效。在线下,充分借助群众较为常见的能够接收信息的村居公示栏、小区公示栏等进行文化供给内容宣传;在惠民演出等文化服务供给活动中加入近期活动预报,进行活动消息推送,调动群众积极性,通过口口相传实现良好的活动预报宣传效果;以村民大会、党员活动日为契机,积极开展文化相关的宣传;充分发挥网格员与群众紧密联系的优势,针对残疾人、老年人等特殊群体,细化服务,注重宣传方式,提高宣传实效。在线上,利用盐都区网红直播基地的良好资源,开展短视频宣传推广合作;利用政府门户网站、网格微信群对文化供给内容进行全面铺开宣传;通过盐都区文化部门的官方微博号、微信公众号、小程序等进行精准推送,充分利用网络媒介,全面展开和精准推送相结合,全面拓宽公共文化供给宣传渠道。

在宣传文化供给内容方面,一是充分宣传公共文化服务相关政策内容,切实提高社会公众的公共文化权利意识,调动社会公众参与公共文化生活的主动性和积极性。二是加大宣传盐都区的区镇村三级层面所提供的公共文化设施和服务,提高社会公众对于公共文化服务供给内容的知晓率,促进供给设施阵地使用率的提升,从而实现公共文化服务有效供给。三是加大公共文化服务供给活动的宣传,一方面要拓宽渠道,重点加强活动开展前的预报宣传,切实提高社会公众对于身边公共文化服务供给活动的知晓率,提高社会公众对于公共文化活动的参与率;另一方面要强化活动结束后的宣传报道,通过生动写实的宣传,吸引更多的社会公众参与新一轮的文化生活,切实提高供给对象的参与度。

3.6.4 优化管理,细化考评,提高服务供给质量

公共文化服务的高质量供给除了依靠多元化的供给主体、多样化的供给内容、多渠道的供给途径外,还要依托监督管理考评这一举措。只有有效落实监管考评措施,才能保证公共文化服务供给的执行结果与预期目标不发生偏差。

3.6.4.1 强化日常监督管理

盐都区政府应该强化公共文化服务的日常监管,注重过程导向,主要从监管主体多元化和监管内容多样化两个方面落实工作。

在监管主体方面,建议明确政策支持,引入多元主体,畅通社会公众、第三方机构、供给对象等外部力量参与日常监督管理的渠道。通过多元化的监管主体,强化公共文化服务的日常监管,实现公共利益最大化。

在监管内容方面,分别从硬件基础设施和软件内容输出两方面加强监管。对于硬件基础设施的监管不再停留在"有没有",重点关注"够不够"。要及时反馈维护更新不符合使用标准的设施,注重需求导向,把基础设施的使用率纳入公共文化服务日常监管的重点内容,避免出现设备设施空转、无效供给的现象;对于使用率高的设施,根据需求予以调整,真正实现公共文化服务普惠性、精准性供给的工作目标。对于软件内容输出的监管,应注重

文化活动内容的全过程监管,建立完善的监管体系评价标准和相应的奖惩机制,避免出现主观评定工作效果的现象。

3.6.4.2 完善绩效评价考评制度

在盐都区的公共文化服务供给实践中,政府既是公共文化服务供给的决策者,又是供给主体之一,还是绩效评价的主体。因此,需要建立一套行而有效的绩效评价考评制度,确保按照大多数社会成员的意愿来增加公共产品供给的数量和提高公共产品供给的质量。

绩效评价应该由"目标导向"置换为"顾客满意"。具体而言,在理念上,盐都区绩效评价应该坚持以人为本的价值取向,将供给对象的需求作为评价指标的落脚点,明确绩效评价的最终目标是供给对象满意。在政策保障上,应该根据盐都区公共文化服务供给实际制定相应的政策,保证绩效评价工作的制度化和法治化,强化绩效评价的权威性。在评价主体上,盐都区应该引入群众、第三方机构、专家等多元主体,提高绩效评价的公正性和民主性。在评价内容上,除了直观的数字化指标,更应该引入体现文化场所日常管理、文化设施使用率、文化服务供给质量、群众满意度和文化服务供给所达到的效果等软指标的考评内容。在评价手段上,由于文化活动的不可回溯性,建议强化过程导向,重视文化供给活动的全程追踪评估,根据工作人员现场体验和群众现场反馈形成"现场性"材料,作为绩效评价的重要依据。在评价结果上,需要加强绩效评价结果的应用,绩效评价的结果除了用于奖励激励优秀单位外,还要强调对于绩效评价过程中发现的公共文化服务供给存在的不足,深入分析原因,制定具体的应对措施,不断提升公共文化服务供给水平。

3.7 本章小结

公共文化服务承担着保障公民基本文化权益、弘扬社会良好风尚、满足群众精神追求、增加社会公众福利,进而促进经济快速增长、保障社会和谐发展的重要职责。高质量的公共文化服务供给,是满足人民群众对美好生活追求的重要保障。公共文化服务将作为一项长期的重要工作来开展,基层政府要不断深化认识,提高要求,全面促进公共文化事业的繁荣发展。

基于以上认识,本章选取盐都区公共文化服务供给实践作为研究对象。从盐都区公共文化服务供给侧的供给主体、供给人才、财政投入,需求侧的异质性、社区空间特性需求以及供给产品的基础设施、内容供给等方面进行分析,在全面把握盐都区公共文化服务供给和需求现状的基础上,提出盐都区公共文化服务供给存在供给侧供给能力不足、需求侧客体参与度低以及供给产品与公众需求脱钩等三个方面的问题。

对盐都区公共文化服务供给存在的问题进行深入剖析,结合新公共服务理论、公共治理理论和公共产品理论,总结导致盐都区公共文化服务供给问题存在的原因主要是各方思想认识不到位、各方参与渠道不丰富、多种要素投入不到位、监督管理考评不到位等四个方面。在对这四个方面原因进行细致分析发现,各方思想认识不到位,主要是指政府公共文化服务供给意识不到位、企业参与公共文化服务供给的意识和责任感缺失、供给对象缺少公共文化服务参与意识三个方面;各方参与渠道不丰富,主要是指社会力量参与公共文化服务供给渠道不畅通和供给对象需求表达不畅通两个方面;多种要素投入不到位,主要是指人才队伍建设不到位和宣传不到位两个方面;监督管理考评不到位主要是指日常监督管理不到位和绩效评价机制不完善两个方面。

通过分析国内入选第一批国家公共文化服务体系示范区的重庆市渝中区、入选第二批国家公共文化服务体系示范区的上海市浦东新区和拥有入选第二批国家公共文化服务体系示范项目的广州市越秀区,以及国外的被称为"东亚文化之都"的日本横滨市、被称为"文化创意产业之都"的英国伦敦市等五个公共文化服务先进地区的供给实践,总结出多元主体参与公共文化服务供给、拓宽公共文化服务供给资金渠道、优化公共文化服务供给方式和丰富公共文化服务供给内容等四个方面的经验,为制定盐都区公共文化服务供给对策带来了一定的启示。

在了解盐都区公共文化服务供给和需求现状、找出问题和分析原因的基础上,充分利用新公共服务理论、公共治理理论和公共产品理论,结合国内外公共文化服务供给先进地区的实践经验,提出解决盐都区公共文化服务供给问题的四个方面对策,分别是:转变观念,增强意识,筑牢各方思想基础;拓宽渠道,增强对接,丰富文化服务内容;培养人才,强化宣传,促进实现有效供给;优化管理,细化考评,提高服务供给质量。具体来说,一是从提高政府民本意识、提高企业参与供给意识、提高供给对象参与文化生活意识三个方面来筑牢各方思想基础;二是从畅通社会力量参与公共文化服务供给渠道、搭建公共文化诉求表达平台两个方面来丰富公共文化服务供给内容;三是从强化文化服务人才队伍建设和丰富文化宣传举措两个方面来促进公共文化服务有效供给;四是从强化日常监督管理和完善绩效评价考评制度两个方面来提高公共文化服务供给质量。

本章将盐城市的核心城区盐都区的公共文化服务供给实践作为研究对象,在分析盐都区公共文化服务供给和需求现状、存在问题、问题原因的基础上提出解决相关问题的对策建议。由于公共文化服务供给工作涉及面较广泛,本章研究尚存在一些不足之处,今后需要不断深入研究,自我提升,寻求更好的解决方案。

一是在运用相关理论分析问题、厘清原因并提出相应对策时,理论结合的深度不够,具体提出的对策可能存在操作性不强的问题,运用到实际解决问题时可能无法生搬硬套。另外,对于提高盐都区公共文化服务供给水平的建议对策可能存在不够全面的问题,今后需要进一步予以完善。

二是公共文化服务供给是一项惠及全民的工作,在社会文明程度逐渐提高的当下,公共文化服务的重要性和必要性越发凸显,社会公众对于公共文化服务的差异性和个性化需求越发丰富。如何实现供需双方的无缝对接、不断提高公共文化服务供给的精准性、丰富需求导向的公共文化服务供给产品,是今后开展公共文化服务供给工作需要重点关注的问题。

第 4 章

苏北地区基层政府适配国家治理转型的优化路径

基层社会场景的新变化及其带来的新型治理场景,要求苏北地区基层政府把握公共服务供给中的关键问题,从治理生态、治理体系、社会情感等多方面的协同共振来为本地区基层政府公共服务供给效能的持续提升提供可以依赖的支撑,进而探索和丰富国家基层政府治理体系和治理能力现代化的"善治"策略。

随着社会发展进程的不断变化和治理场景的不断迭代更新,不同地区基层政府公共产品的供给策略也会发生相应变化,并会试图以更加精准而富有弹性的方式来回应该领域出现的新情况、新需求。因此,由对徐州市贾汪区政府购买公共法律服务问题、盐城市盐都区公共文化服务精准供给问题的分析可知,包括苏北地区基层政府在内的诸多基层政府,应在充分把握辖区客观情况的基础上,全面审视、系统分析现有公共服务供给模式中的真实、关键问题,以务实的态度选择契合当地社会生态的制度规范、价值引导等公共服务供给策略,以"硬执行"与"软实力"的协同共振来为地区基层政府公共服务供给效能的持续提升提供可以依赖的支撑,并探索和丰富国家基层政府治理体系和治理能力现代化的"善治"策略。

4.1 治理生态:公共服务产品的供给与基层社会的鲜活需求

在制度的规范化程度日益提升、公众的权利维护意识日益增强、基层公共管理人员的自我约束程度更高、基层社会风险更加多元且不确定性更强等新型治理生态中,苏北地区基层政府公共服务的供给模式发生着新的变化。苏北地区基层政府在面对不确定性风险时,应合理把握制度规范约束与治理主动性之间的有机平衡尺度,公共服务产品的供给需要应与该地区公众的现实需要和社会经济发展水平紧密契合,以治理转型等方式更加主动地提供公众和社会真正需求的适配产品和服务。

具体而言,基层政府公共服务供给领域涉及的范围广、要素复杂、系统庞杂,故苏北地区基层政府公共服务供给能力的提升应对多种因素进行审慎思考,明晰自身的相关职能范围与正确努力方向,合理配置社会资源,把握当地基层社会生态并主动建构优质生态网络,进而以社会公共利益最大化原则来有效提升社会整体福利水平。其中,为提升相关公共服务资源的配置水平,相关基层政府职能部门不仅应对该领域准公共产品、纯公共产品等公共产品的类型及最优供给方式进行区分,而且应对包括政府、市场在内的诸多供给主体进行科学确认,防止部分基层政府因"缺位""错位"或"越位"而产生的各种治理风险。

4.1.1 上级政府制度规范的设计应契合基层社会的实际需求

基层政府的上级行政机构关于相关制度规范的顶层设计,应充分考量不同地区的社会经济发展水平、不同地区的基层政府实际工作情况等政治、社会生态特点,使相关公共政策与社会鲜活的生态系统有机结合,更加有效地助推相关政策目标顺利实现。

具体而言,相关政策的顶层设计要充分考量公共服务产品覆盖不同用户群体的利益诉求,并对其正当、关键的核心诉求予以尊重和保障。通过此种方式,相关政策的执行、终结等公共政策过程才能够得到公众自发的支持、拥护,基层政府也可以通过此政策互动过程来汲取民意并强化自身统治的政治正当性、合法性、权威性。例如,上级政府机构在通过各种考评方式对基层政府进行监督、绩效考评时,应对滞后、不当的考评方式、指标予以改进,将经济发展指标与公众生活水平、社会文明提升等因素予以有机结合,降低政府工作人员因经济要素而产生行为异化的可能性。同时,相关上级职能部门应根据公众的客观需求及满意度来调整相关考评指标,强化基层政府公共服务产品供给与基层社会客观需求之间的契合度。当然,考评指标的增加也会增加基层政府的工作压力与资源支出压力,故上级政府应通过预算约束等方式来引导基层政府及工作人员通过端正工作态度、提升工作效率等方式来实现相关目标,并规范和消弭通过举债等方式来实现规模的盲目扩张等不当行为。

如果上级行政机构制定的相关制度规范、法律条文的内容较为契合基层社会生态的实际情况,则基层政府对上述公共政策的认可度会较高,在具体执行过程中发生的象征性执行、选择性理解、选择性执行,以及其他形式主义问题的可能性就会更小。从此种角度来看,以契合基层社会生态的方式来强化不同层级公共管理机构及工作人员之间的顺畅交流程度,提高公众以政治参与等方式与政府机构之间的有效沟通程度,均会有助于提升相关公共产品服务供给的科学性、民主性和契合性。

4.1.2 基层政府应持续优化公共服务的供给策略,提升相关产品和服务的供给效能

基层政府公共服务供给效能的提升,不仅应建立在对辖区公众公共需

求有效满足的基础上,而且需要在有限的行政资源下实现公共利益的最大化目标。为达到上述公共服务供给目标,苏北地区基层政府应从相关公共服务产品的数量、质量等层面来提升供给效能。

从相关公共服务产品的供给规模来看,若部分基层政府提供的公共服务产品数量与辖区公众的实际需求数量不匹配,则可能使处在约束条件下的资源有效配置处于非优化的状态之中。由此导致的资源浪费,意味着该领域的宏观资源配置处于非最优状态。这是因为,基层政府公共服务供给数量的减少固然不能够满足公众的充分需求,但供给数量的增多也可能会导致资源的浪费和公众幸福感的降低。就公众而言,在相对有效的公共资源制约下,公共服务产品供给占据资源的增加,意味着社会个体通过纳税等方式支付资源成本的相对增加,且个体实际掌控的有效资源也会相对减少。

针对上述情况,边际递减效应认为,对于一个人或一个组织来说,当某一类事物达到一定量之后,该类事物持续增长所产生的效应(或效用)就会呈现出逐渐递减的趋势。[1] 由此理论可知,在基层政府公共服务领域,多数公众对于某个公共产品的正常需求常在一定的范围之内。因此,若相关公共服务的供给量超过了该地公众所需公共服务产品的最佳规模,则超出的那部分公共服务产品能够带来的边际效应可能会很小。同时,由于在一定时间、地点内的基层政府所掌握的行政资源相对受限,故某个领域公共服务产品的超规模供给可能意味着其他领域相关公共服务产品的供给不能够有效满足公众的真实需求,并可能会使公共福利存在普遍损失的风险。由于公共服务产品的超规模供给而产生的社会福利存在边际递减效应,超规模供给产生的社会福利常不能够有效弥补其他领域社会福利的损失程度,故该基层社会的整体福利水平可能会下降,公众对部分基层政府相关职能部门的公共管理水平也会产生怀疑。

从相关公共服务产品的供给结构来看,如果公众切实需要的部分公共服务产品类型得不到有效供给,公众不需要或基本不太需要的相关公共产品类型的供给程度又太充裕,则该地区基层政府公共服务的供给结构就会出现失衡状态。此种情况的出现,意味着该地区有限资源的利用效率及配置水平会较低,而整体社会福利最大化的目标也不易实现。为了达到相关

---

[1] 唐雄山,余慧珍,郑妙珠,等.家庭心理情感能量场研究[M].广州:中山大学出版社,2019.

公共产品供给数量与结构的相对均衡,基层政府应对基层社会生态和公众的真实需求情况有充分的把握,规避因信息在不同层级政府机构之间的流通所可能导致的数据失真、速度滞后、信息扭曲等问题,以及可能导致的公共服务产品供给决策失灵的风险。为了规避上述问题,相关基层政府理应对公共服务供给能力的强弱程度判定与掌握的具体权力、责任范围之间关系的密切程度有充分的把握,厘清自身与上级政府之间的职责关系,并在合理的权责界限内持续优化、提升自身的公共服务产品供给效能。

当然,基层政府机构及工作人员可能会因为个人私利而影响本地或相关领域内公共服务产品供给类型的分布,而政府自身自然垄断性的优势地位也使得政府对难以客观衡量精准定价的公共产品的资源配置效率。因此,在上述基层政府公共服务供给数量与结构等维度优化配置的过程中,相关公共管理人员与组织应克服狭隘的"经济人"思维,在进行相关公共决策时,规避或削弱个人私利对于公共资源配置的不良影响,进而使基层政府的有限资源转化为公共福利的效率最大化。为达到此种效果,需要对基层政府及工作人员的行为进行有效约束、引导、监督的同时,对他们的良性行为予以褒奖,从而有效平衡相关公共管理人员"经济人"的利己动机与实现公共服务供给效率最大化之间的合理尺度,进而为相关地区基层政府公共服务供给侧与需求侧均衡的有效达成夯实基础。

4.2 治理体系:压力型体制与基层政府公共服务供给的制度规范

美国经济学家诺斯认为,制度对经济绩效具有无可非议的影响,因此不同时期经济绩效的差异受到制度演进方式的影响也是无可争议的。由于不同的制度选择会产生不同的制度交易成本,且会提供具有差异化的激励政策,故不同的制度规范路径能够产生不同的绩效。[1] 诺斯的上述研究具有较大的合理性,对苏北地区基层政府公共服务供给具有一定的借鉴价值。这是因为,相关基层政府如果将公共服务供给中的相关规则予以调适、改进,更为有效地解决本地区的存量问题并科学化解增量风险,就可以达到增加

---

[1] 诺斯.制度、制度变迁与经济绩效[M].上海:上海三联书店,1994.

公众福利与提升社会整体福利的政策目标。从此种角度来看,基层政府公共服务供给常受到相关制度规范的影响,故基层政府公共服务供给效能的持续提升也应从相关制度规范中寻求有力支撑,以此不断优化本地区公共服务供给效能提升的制度规范等治理体系。

相关研究表明,积极治理目标的达成需要上下层级政府之间的高度联动以及政策执行体系的密切协作,需要进一步推动层级政府间权责不对称结构的调整。从这个意义上讲,较为理想的模式应该是自上而下治理任务的下达能够结合基层实际,避免用过高的标准来要求并考评基层。超越基层治理能力之上的考评目标不仅难以有效达成,而且也容易被乡镇政府用策略主义的能动性来消解任务意义。基层政府应尽量避免中心工作泛化的问题,中心工作模式的有效性是建立在对乡镇政府的高度动员之上,需要短时期内人力和资源的统筹和集中,如果样样都是中心工作,则违反了客观规律,不仅样样都很难被兼顾到,而且也容易出现基层疲惫等问题。[①] 由此研究可知,基层政府受绩效考评体制和压力型体系限制,在相对稳定、封闭的政治权力链条中处于相对弱势的地位,而上级行政机构的激励与惩罚措施在较大程度上直接决定基层政府的工作重心和行为偏好。在此情况下,来自上级政府机构的默许或直接认可,不仅可以直接弱化相关制度规范对相关机制创新的强约束力度,而且经过此种关系形成的不同层级政府之间的默契,也有助于相关基层政府获得来自政治体制内部的资源支持。

4.2.1 基层政府的机制创新应争取来自上级政府的合规性确认

基层政府机构在创新建构相关机制、规则的同时,也是将一些传统规范予以解构或再构的过程。基层政府由于受自身职责权能的限制,上述创新过程可能会存在是否合规的问题。因此,基层政府机构应通过各种策略来丰富和完善整体性政府创新进程,进而以该领域治理效能的整体提升和容量拓展来获得上级政府机构的许可与支持。在此过程中,上级政府机构对于政绩等方面的诉求与下辖基层政府具有一致性、稳定性,此共同利益可以强化二者之间的关系,并可以为相关政策目标的达成获得来自下级政府机构的支持。同时,基层政府机构也可以通过请示等方式获得上级政府的授

---

① 刘成良.基层政府如何适配国家治理转型:基于乡镇自主性的讨论[J].人文杂志,2022(12):87-96.

权,并通过持续互动的方式取得政府高层包括批准试验政策等在内的政策合规性确认。

当然,基层政府的相关政策创新不仅应符合社会现实的需要和国家整体战略布局,而且应有效解决现实社会中的普遍性问题,进而可以凭借方案的科学性、愿景的前瞻性、政治的正当性等属性来获得上级政府对某一政策直接或间接的默认、许可。另外,基层政府在政策创新过程中,既要调动公众等要素参与公共服务供给的积极性,也要建构相关风险治理和安全保障的优化机制,使得相关创新活动在社会秩序稳定等安全底线之上有序运作,有效规避政治、经济、社会等领域的风险,并以各种要素资源的有机整合及活力的激发来推动相关改革的进程。此种方式,不仅使基层政府更容易获得上级政府机构的认可,增加自身通过多种配套资源的整合、优质资源的集聚来有效协同不同利益主体诉求的可能性,而且可以通过互补性的机制创新过程提升相关配套资源的边际效益,以多元资源要素的有效耦合来优化调整传统利益格局,凸显民意属性在相关公共政策建构中的可能性、可行性,也更契合基层社会生态并更容易被公众所接受和支持。从此种意义来看,相关基层政府公共服务供给路径等模式的革新,不仅能够强化基层政府创新公共服务机制的积极性,而且可以以基层社会治理现代化来驱动国家治理转型进程。

基层政府体制机制的创新在某种程度上不仅能够使基层政府的底层探索与高层政府的顶层设计的有机结合,有效释放相关政策红利,也容易增加公众的获得感和社会整体福利。由于不同地方的地理、社会生态有一定差异,社会经济发展阶段不同,基层政府的运作特点也有侧重,故基层政府与上级政府互动路径下产生的公共服务供给模式的具体实践应结合当地的具体情况来进行。

4.2.2 基层政府应积极拓展优化公共服务产品供给的政策调适空间

在压力型体制下的晋升锦标赛政治语境中,部分基层政府领导尽管对本地公共服务供给的深层次和复杂性问题有较为清晰的认识,且此种问题也是本地政府人力、物力和时间等行政资源有限所导致的,但由于自身与其他地方基层政府领导之间存在着绩效、晋升等竞争关系,故部分基层政府领导在工作中所面对的问题可能会被上级政府误认为是自身问题处理能力不足的部分表现。在此情况下,部分基层政府领导可能会迫于外界政治压力,以"硬执行"的方式来推动相关公共服务产品供给的"硬落地",进而可能会导致更大程度的民意创伤、基层政府的形象受损和公共资源的大量浪费。针对此种情况,基层政府机构应通过多种维度,以项目策划、包装、非正式沟通等方式,凸显自身工作议题的特色、亮点,设法获得上级政府机构及相关领导的注意,从而得到一定的行政资源支持。基层政府将自身的发展目标转化为上级政府的重要中心工作规划,不仅可以提高相关基层政府工作人员工作的积极性,而且可以拓展更广阔的可作为空间,驱动相关治理目标的顺利达成。

  基层政府的上级政府应设置合理的绩效考评指标,并以自身释放的明确而合理的信号,来直接或间接地影响相关主体的思想认知和行为偏好,进而实现某种政策目标。在此绩效考评指标体系中,不同的要素具有不同的内涵,且不同指标之间也会因各自指向的行为主体时间、精力、资源等因素的有限性而产生竞争性或排他性;在此情况下,部分基层政府工作人员会根据相关公共事务及对应指标重要性的差异,进行针对性地分配差异化的资源要素。由于"软执行"具有耗时日久且成效较慢等特征,且会耗费基层政府工作人员较多的个人资源和行政资源,故上级政府对相关指标的设计要具有合适的弹性空间,并以正向导向作用来提升公众认可度、社会满意度和绩效考评的有机平衡度。部分基层政府工作人员在探索本地基层公共服务供给的创新模式时,不仅可能会受到任务执行新情境的制约,而且可能会存在因个人失误而遭受严厉追责行为的现象。过于严厉的责任追究制度可能会削弱相关基层政府工作人员以创新性思维、措施来应对新问题的勇气和积极性。针对此种情况,压力型体系应设计合理的容错制度,当相关基层政府工作人员在某些领域内因无意或不可抗力而产生过错时,可对其在适当范围内或符合某种科学标准的情况下予以宽容处理。

  "软执行"和容错制度的建立,固然能够提升基层政府工作人员的积极性及其应对风险的灵活性、自主性,但为了避免部分基层政府工作人员以"软执行"为借口来滥用权力并导致相关秩序的紊乱,需要以相关责任制度的优化来有效规范、引导相关主体的思维认知、价值倾向和行为选择。在新的问题领域和社会治理空间中,此种权责确定的过程会经历一段时间的探索,相关政府职能部门对责任的确认与权力、权利的划分会存在一些模糊之处。故需要相关政府机构予以持续凝练、提升,并以切实可行且科学的权责框架作为相关公共服务供给的重要制度基础,从而为相关新现象、新领域中新问题的解决提供有力支撑。

4.2.3 上级政府机构对基层政府机构的施压应保持在合理的区间内

一般而言,压力型体系下立体化、多元化的绩效考评机制,在某种程度上构成了对基层政府公共服务供给等行为过程的强约束,使基层政府相关行为失去了一定程度上的自主选择空间,并使得行政权力向上级行政机构进行聚集。但是,权力的向上集中决定了任务总是由上级确定并沿着等级层次自上而下分配。上级拥有绝对权威,通过发出指令控制下级完成任务,而下级则拥有较少的自主性,以对上级命令的服从为主要行动逻辑。科层组织通过从顶部到末梢的层层授权实现了对权力的延伸与控制,形成了明确的权力等级分层。然而,权力等级分层的代价是管理缺乏灵活性,即层级越低的部门越缺乏决策的空间,这导致组织对外部环境的变化反应迟缓。[1]由此研究可知,上级政府权力的过分集中,容易使基层政府行为局限在某个相对狭小的权力空间之中。在面对复杂、多元且动态变化的具体问题时,基层政府可能会因为束手束脚而导致模式化或行动僵化,且会在履行公共服务供给等公共管理职能时失去基层政府应有的灵活性、自主性和创新性。

反之,基层政府机构及其工作人员若可以在相对合理的压力区间内开展工作,就能够有较为充分的精力来发现、挖掘、感知基层社会公众的现实生活状况,能够以共情等方式驱动自身投入更多的耐心、时间等个人成本和行政资源,有助于相关公共服务供给等公共政策目标的有效达成。同时,在合理的压力区间内,基层政府机构及其工作人员在遇到相关棘手问题或一些新问题时,就会具有更大的自由度,采取的策略、手段也会更具灵活性,能够相对有效地抓住处理相关风险的机会,也能够获得更多公共服务供给方式等选择的可能性。

从上述角度来看,上级政府对基层政府通过绩效考评、督导等方式展开的合理施压,不仅能够合理分配不同权力主体之间的权责界限,对基层政府

---

[1] 肖芸,赵俊源.任务模糊性视角下科层制变革的不同走向:基于前沿文献的评析[J].公共行政评论,2019,12(2):163 182,198.

的权力行为进行引导或规范,优化政府内外关系,而且可以用相对有弹性的灵活的方式来激发、驱动作为权力末端的部分基层政府工作人员的工作效能,故具有某种合理性。

4.3 社会情感:以"软执行"能力的提高来赋能基层政府公共服务供给效能

党的二十大报告明确指出,必须坚持人民至上。人民性是马克思主义的本质属性,党的理论是来自人民、为了人民、造福人民的理论,人民的创造性实践是理论创新的不竭源泉。一切脱离人民的理论都是苍白无力的,一切不为人民造福的理论都是没有生命力的。我们要站稳人民立场、把握人民愿望、尊重人民创造、集中人民智慧,形成为人民所喜爱、所认同、所拥有的理论,使之成为指导人民认识世界和改造世界的强大思想武器。由此阐述可知,基层政府公共服务的供给是以基层公众诉求为直接对象,且基层政府公共服务的供给过程直接与一个个普遍而富有个体差异的公众密切相关,故应以基层人民群众的切实需求为重要出发点。从此种角度来看,基层政府公共服务的供给,必然要与具有鲜活与饱满情绪感染力的公众相交互,此互动过程应建立在对公众具体情感的尊重和体谅的基础上。进一步而言,基层政府对相关公共服务产品的供给,应将公众的情感要素纳入重要思考范畴,并在供给过程中以情感的投入来进一步改善政民关系,或者依靠人性化的温度来加强政民关系黏性,提高相关公共服务供给与地区多元化需求的契合度。

4.3.1 强化基层社会心态治理,提升"软执行"对于公共服务供给的支持效能

提升基层政府公共服务产品供给效能,不仅要加强相关制度规范、行政结构建设,而且应提高相关执行主体的行政素养,实现"软执行"与"硬执行"的协同发展。具体而言,由于公共服务供给具有特殊属性,故相关基层政府在提供公共产品和服务的过程中,不仅应以公众需求、契合当地特色和自身公共管理者角色的情感浸入方式来开展相关服务工作,而且应以此行为的持久性来削弱或规避"作秀"的形式主义猜疑,建构包括良好社会心态在内

的基层社会优质生态。

在基层社会心态治理层面,社会心态承载了公众的情绪、认知、价值观等要素,具有情感驱动、泛政治化等特征,故社会心态不仅对主流意识形态的共识凝聚和行为驱动具有重要作用,而且也可能成为政治失序和意识形态躁动的祸因。① 由此研究可知,相关基层政府工作人员能够凭借对真实基层生态信息的熟悉和把握,从丰富的基层生态中汲取优质营养,以公共服务供给来有效融合公众的利益诉求、情感诉求、政治诉求等多重复杂要素,并以此人性化的情感纽带来强化积极的社会心态和情感。这有助于化解不确定情境中的多元风险,以便更有效率地开展各种公共服务供给。

4.3.2 以人性化服务强化公众的情感黏性

在新时代基层社会语境下,基层政府及工作人员面对的社会生态已经发生了较大变化,且将会继续发生变化。故基层政府应更新传统公共服务理念,持续创新、优化基层政府公共服务的具体策略或实施方案,提升"软执行"中的人性化程度,以浸润公众情感的方式来为基层社会提供相关公共产品、服务并提升供给效能,强化公众与基层政府之间的情感黏性。

具体而言,基层政府机构应该以更加开放的思维来认识基层社会生态,对该场域中蕴含要素的多样性、复杂性、深刻性予以更加包容的理解,进而形成更加全面、真实而鲜活的基层社会生活系统图景。在对基层社会场域出现的问题予以全面把握的基础上,相关基层政府机构及工作人员对公众真实需求的认知和把握程度会更加深刻。在此基础上,基层政府及工作人员应在公共服务产品供给过程中真正贴近公众需求,公共服务产品供给策略、方式应更加人性化,主动关切公众的真实需求,提升为公众服务的自觉性、自律性。基层政府机构及工作人员在遇到难题时应以更加灵活、弹性的方式选取更加恰当的公共服务产品供给方案,进而在某种程度上规避固化的制度规范与程式化的行为规则可能导致的各种弊端。

从上述角度来看,基层政府机构及工作人员态度与理念的持续优化,有助于强化本地区基层政府体系与基层社会生态之间的良性互动,进而能够

---

① 张彦华,顾秦一.智能化舆情嵌入意识形态安全的风险、逻辑与治理路径:基于传播政治经济学的分析视角[J].西南民族大学学报(人文社会科学版),2023,44(5):187-196.

强化基层政府与基层社会双向嵌入的有机程度。基层政府机构及其工作人员态度与理念的持续优化可以更为有效地保障基层政府公共服务产品的供给能够适应不同地区、不同用户群体、不同政策执行环境,并为不同用户群体提供契合复杂、多元化场景需求的相关公共服务产品,帮助基层政府以更具韧性和更可持续的方式来持续推动地区公共服务供给效能。

第 5 章

结　语

　　苏北地区基层政府公共服务供给应以满足人民群众对于美好生活的向往为宗旨,不仅要关注苏北地区基层社会的空间差异性和各地方之间的系统性差异,还要在契合本土化社会特征的基础上因地制宜地制定或执行政策、规则、标准等,从而驱动我国基层社会治理持续向高阶迈进。

第 5 章 结 语

苏北地区内部各区域之间在地理资源禀赋、经济发展程度等方面有较大差异。基层公共服务供给关乎人民群众的切身利益,故苏北地区基层政府公共服务供给应以满足人民群众对于美好生活的向往为宗旨。苏北地区基层政府公共服务供给不仅应关注该地区基层社会的空间差异性和各地区之间的系统性差异,在契合本土化社会特征的基础上因地制宜地制定或执行政策、规则、标准等,而且应通过服务型政府、回应型政府等治理模式的持续优化,不断借鉴本地区内外先进且契合的综合治理经验,对包括财政在内的公共产品资源予以合理配置,从结构、功能等维度来持续优化政府运作机制,规避或削弱该领域风险治理的过度"内卷"态势及由此可能导致的形式主义等风险,有效激发基层社会活力,最大限度地发挥基层政府公共服务供给对于保障和驱动地方社会可持续发展的积极功能。特别是在中国式现代化的时空生态中,上述措施不仅有助于因地制宜地解决公众"急难愁盼"的相关难题,而且可以通过基层公共服务供给的"兜底"效能来推动乡村振兴和社会共同富裕的进程,进而以此领域的创新发展驱动我国基层社会治理持续向高阶迈进。

苏北地区基层政府公共服务供给涉及差异化领域中的多元政策博弈,此博弈过程中交织而成的集体决策可能会随着时间的推移呈现动态变化特征。因此,在苏北地区基层公共服务供给场域中,相关政府机构应对量多面广的问题集合、差异化的多元行动者等多元要素的互动机制予以系统审视,并从系统工程的视角进行立体分析,充分发挥各主体的内外积极性,提升公共服务供给的效率。在确保公共服务供给效能的基础上,苏北地区基层政府应以政策共识来兼顾各方利益目标,从而有效保障维护社会正常秩序的公共服务的供给,以政府和社会的良性互动来促进资源要素与公共服务供给效能的深度融合。此种措施,有利于基层政府引入社会资本,通过降低交易成本、增加信任等方式推动不同利益主体之间的合作,从而增加公共服务供给领域行动者网络中的多元主体展开长期合作的可能性,进而提升苏北地区基层政府公共服务供给在全国各地区之中的生产力和竞争力。

不仅如此,苏北地区市场经济的快速发展,也使得经济要素在基层社会发展中扮演着重要角色。市场经济虽然有效率优势,但是也会导致苏北地区部分利益主体以利润最大化作为核心价值的"唯一"判断标准,这种基层社会价值排序可能会导致部分利益主体因利益冲突而产生社会利益失序问题。针对此种情况，苏北地区基层政府相关机构应制定正式或非正式的制度、规范、标准、纪律等措施，将相关风险变量的运作规制在一个合理的范围或程序中，提升基层政府公共服务供给侧与需求侧的契合度，并以此公共服务供给来保障或提升社会良性运作的稳定性、可持续性。例如，基层政府公共服务供给可以对压力型体制予以调适性优化，促进本地区政治体制内的政治资源保值和增值，有效调动作为关键变量的人的主动性，有效克服"晋升锦标赛"等相关政治设计的负外部性，持续促进本地区公共服务供给风险治理效能的提升。

然而，随着新质生产力的快速发展，智能技术已经成为推动我国社会发展的重要工具，这为基层政府公共服务供给效能的提升带来了新机遇。换言之，数据要素、人工智能已经成为政府数字化改革的关键变量，因此强化数据治理促进生产要素和治理要素的有机结合，有助于基层政府抓住数字化改革的机遇，推动公共服务供给创新。受限于相关研究主旨，本书对于人工智能等新质生产力技术在基层政府公共服务供给层面的研究未能充分体现。因此，后续可以从智能技术嵌入基层政府运作的视角继续深入研究基层政府公共服务供给这一课题，正视新质生产力技术革新带来的机遇与挑战，创新智慧治理方式。同时，坚持因地制宜的差异化治理，推进基层政府公共服务能力的现代化，切实改善民生福利，以更有价值和更具趣味的研究来在整体上推进基层政府公共服务供给效能的不断提升。

附录 Appendix

第一部分　徐州市贾汪区政府购买法律服务问题访谈提纲

一、政府部门工作人员访谈提纲

1. 请简要叙述一下您所在部门的工作内容？

2. 您所在的部门是否开展了政府购买法律服务？若已开展，请说明该项目的购买主体、承接主体、服务对象、服务内容和服务方式等。

3. 请叙述政府购买法律服务项目采购过程和承接主体的选聘方式。

4. 请叙述政府购买法律服务项目运行每年需要多少资金，经费保障情况如何？项目的服务费用和补贴发放情况如何？

5. 请叙述在政府购买法律服务项目运行过程中，如何保证服务的质量效果，有没有进行考评？

6. 请叙述政府购买法律服务过程中承接主体的服务意愿、服务质量和效果如何？

7. 您认为在政府购买法律服务的过程中存在哪些问题？有哪些地方需

要改进？对此，您有什么建议或对策？

二、法律服务行业从业人员访谈提纲

1. 请简要叙述一下您所在单位和您个人的基本情况？

2. 您是否参与了政府购买法律服务项目？若参与了，请说明该服务项目的具体内容和服务方式。

3. 请您叙述一下政府购买法律服务项目有没有发放工作补贴？您对补贴的发放标准是否满意？政府购买法律服务项目的服务费用如何？

4. 您在从事政府购买法律服务工作的过程中遇到过哪些问题？您认为该项工作有哪些地方需要改进？对此，您有什么建议？

第二部分：盐城市盐都区政府公共文化服务供给问题访谈提纲

一、盐都区文化广电和旅游局相关工作人员访谈提纲

1. 盐都区参与公共文化服务供给的主体有哪些？人员构成如何？有没有建立多元参与平台？

2. 盐都区对于公共文化服务的资金投入大概是多少？

3. 盐都区公共文化服务供给的硬件设施、阵地有哪些？具体情况如何？使用频次如何？

4. 盐都区公共文化服务供给的活动有哪些？这些活动通常以怎样的形式开展？群众参与度如何？

5. 盐都区对于公共文化服务供给的内容有无相应的管理考评措施？实施的主体有哪些？具体的标准明细是什么？

6. 盐都区在开展公共文化服务供给过程中，每个环节有没有供给对象的参与？

7. 盐都区公共文化服务供给面临的问题主要有哪些？

二、乡镇文化服务中心负责人访谈提纲

1. 乡镇提供公共文化服务的阵地、设施有哪些？这些公共文化服务设施有没有定期维护？公共文化服务硬件设施的采购有没有征求供给对象的意见？公共文化服务设施的使用率如何？

2. 乡镇文化服务中心人员配置如何？这些人员是否为兼职，有无承担部门之外的工作？

3. 乡镇公共文化服务供给资金来源有哪些？每年这些资金的投入情况如何？

4. 乡镇开展了哪些公共文化服务活动？参与人员有哪些？

5. 上级部门开展公共文化服务供给的考评方式是什么？您觉得考评结果是否客观？

三、村(社区)文化员访谈提纲

1. 村(社区)开展公共文化服务的相关内容通过什么途径告知公众？

2. 居民参与公共文化生活的积极性如何？

3. 村(社区)综合文化服务中心人员配备如何？这些人员是否为兼职？

4. 村(社区)开展了哪些公共文化服务工作？

四、当地居民访谈提纲

1. 您的职业是什么？常住地在哪里？

2. 您知道的公共文化服务内容有哪些？有没有参与过公共文化服务？若参与过，频次如何？

3. 您期待的公共文化服务内容是什么？

4. 您有没有向当地政府反映过自身的文化诉求？

5. 您对本地公共文化服务供给是否满意？若不满意，不满意的具体内容是哪些？

6. 您获取公共文化服务相关信息的渠道有哪些？这些渠道是否具有实效性和便利性？

7. 您对当地公共文化服务供给工作有什么建议？

参考文献 / References

[1] 奥斯本,盖布勒.改革政府:企业精神如何改革着公营部门[M].上海市政协编译组,东方编译所,译.上海:上海译文出版社,1996.

[2] 彼得斯.政府未来的治理模式[M].吴爱明,夏宏图,译.北京:中国人民大学出版社,2001.

[3] 曹爱军,杨平.公共文化服务的理论与实践[M].北京:科学出版社,2011.

[4] 曹磊.日本横滨市公共文化服务体系概述[J].上海文化,2014(10):112-118.

[5] 陈庚,邱润森.新时代完善现代公共文化服务体系建设的路径研究[J].江汉论坛,2020(7):137-144.

[6] 陈立旭.增强浙江公共文化服务能力的五点建议[J].观察与思考,2012(1):25-26.

[7] 陈奇星.完善基层政府公共服务外包的思考:基于上海市的研究[J].中国行政管理,2012(11):77-79.

[8] 陈彦宏.传承与变迁:互联网时代青少年社会性发展研究[M].北京:中国书籍出版社,2018.

[9] 崔光胜,余礼信.基层政府购买农村公共服务:实践、困境与路径:基于江西省G镇的个案分析[J].中南民族大学学报(人文社会科学版),2014,34(6):138-142.

[10] 戴珩.现代公共文化服务体系200问[M].南京:南京师范大学出版

社,2015.

[11] 戴艳清,彭雪梦,完颜邓邓.农村公共数字文化服务供需矛盾分析:基于湖南省花垣县的调查[J].国家图书馆学刊,2020,29(2):16-25.

[12] 登哈特 J V,登哈特 R B.新公共服务:服务,而不是掌舵[M].丁煌,译.北京:中国人民大学出版社,2010.

[13] 丁琼.优化地方政府公共服务供给面临的困境及其破解[J].中州学刊,2019(12):17-22.

[14] 董杨,句华.政府购买公共服务质量保障问题研究[J].中国行政管理,2016(5):43-47.

[15] 方世荣,付鉴宇.论法治社会建设中的政府购买公共法律服务[J].云南社会科学,2021(3):124-133.

[16] 付春光.国外经济学的理论与实践[M].广州:中山大学出版社,2005.

[17] 顾永忠.我国法律援助制度的创新与发展[J].中国司法,2021(12):63-69.

[18] 郭敏.公共管理理论与城市服务创新[M].长春:吉林出版集团股份有限公司,2020.

[19] 韩鹏云.乡村文化的历史转型与振兴路径[J].华南农业大学学报(社会科学版),2020,19(4):1-9.

[20] 韩雅童.中国政府购买法律服务制度结构研究[D].乌鲁木齐:新疆财经大学,2019.

[21] 韩艳丽,苗俊玲.国家治理现代化中基层政府软执行力提升研究[J].学术交流,2022(10):36-52.

[22] 何杰,金晓斌,梁鑫源,等.城乡融合背景下淮海经济区乡村发展潜力:以苏北地区为例[J].自然资源学报,2020,35(8):1940-1957.

[23] 贺璐.政府购买公共法律服务问题研究[D].呼和浩特:内蒙古大学,2018.

[24] 贺怡,傅才武.数字文化空间下公共文化服务体系建设的创新方向与改革路径[J].国家图书馆学刊,2021,30(2):105-113.

[25] 洪江.农村管理真问题[M].广州:广东人民出版社,2014.

[26] 胡守勇.公共文化服务效能评价指标体系初探[J].中共福建省委党校学报,2014(2):45-51.

[27] 胡运哲.打通农村公共文化服务的"最后一公里"[J].人民论坛,2020

(1):54-55.

[28] 胡志平,许小贞.城市社区公共文化服务供给何以精准:社会企业视角[J].中共中央党校(国家行政学院)学报,2021,25(6):103-110.

[29] 惠鸣,孙伟平,刘悦笛.公共文化服务体系架构与方式创新:嘉兴个案[J].重庆社会科学,2011(11):111-117.

[30] 吉鹏,许开轶.大数据驱动下政府购买公共服务精准化:运行机理、现实困境与实现路径[J].当代世界与社会主义,2020(3):183-190.

[31] 纪忠慧.美国舆论管理研究[M].北京:新华出版社,2016.

[32] 贾旭东.中国城市基层政府公共服务职能的不完全外包及其动因:基于扎根理论的研究发现[J].管理学报,2011,8(12):1762-1771.

[33] 解轶鹏,刘洁.治理现代化视阈下的公共文化服务供给创新:大武口区构建现代公共文化服务体系的实践及其经验借鉴[J].国家治理,2017(20):24-31.

[34] 金太军,金祖睿.基层政府"微腐败"及其整体性治理[J].江汉论坛,2022(12):42-47.

[35] 句华.助推理论与政府购买公共服务政策创新[J].西南大学学报(社会科学版),2017,43(2):74-80.

[36] 柯平,朱明,何颖芳.构建我国基本公共文化服务体系研究[J].国家图书馆学刊,2015,24(2):24-29.

[37] 雷晓康,方媛,王少博.强县扩权背景下我国基层政府公共服务供给能力研究[J].中国行政管理,2011(3):75-79.

[38] 李明,王思明,李燕,等.江苏农村文化建设发展报告:2014[M].北京:科学出版社,2015.

[39] 李宁.美国城市文化政策的实践及其经验启示[J].中共青岛市委党校青岛行政学院学报,2019(3):112-116.

[40] 李平原.浅析奥斯特罗姆多中心治理理论的适用性及其局限性:基于政府、市场与社会多元共治的视角[J].学习论坛,2014,30(5):50-53.

[41] 李少惠,余君萍.西方公共文化服务体系综述及其启示[J].图书理论与实践,2012(3):17-20.

[42] 李永芳.政府公共文化服务的职能意蕴、尚存问题与创新路径[J].深圳大学学报(人文社会科学版),2020,37(2):100-107.

[43] 李佐军,田惠敏.与改革同行Ⅲ:中国改革开放和伟大复兴[M].北京:中国经济出版社,2021.

[44] 梁立新.公共文化服务多元参与机制创新研究[J].学术交流,2014(2):191-195.

[45] 林民望.政府购买公共服务:一个整合性分析框架[J].北京理工大学学报(社会科学版),2017,19(1):91-98.

[46] 林敏娟,贾思远.公共文化服务供给中的政企关系构建[J].深圳大学学报(人文社会科学版),2013,30(1):121-125.

[47] 刘成良.基层政府如何适配国家治理转型:基于乡镇自主性的讨论[J].人文杂志,2022(12):87-96.

[48] 刘大伟,于树贵.新时代公共文化服务绩效评价的结构转向[J].江西师范大学学报(哲学社会科学版),2019,52(6):11-18.

[49] 刘晓琳.政府购买公共法律服务研究:以城管执法"律师驻队"为例[D].兰州:兰州大学,2020.

[50] 刘鑫.司法行政机关购买公共法律服务的问题及对策研究:以济南市历城区为例[D].济南:山东师范大学,2021.

[51] 龙立军.西部地区贫困县政府公共服务能力研究[M].北京:新华出版社,2020.

[52] 卢江阳,吴湘玲.基层政府治理行为偏差的生成逻辑与矫正维度探析[J].中州学刊,2023(2):19-23.

[53] 陆益龙.后乡土中国[M].北京:商务印书馆,2017.

[54] 吕杰,刘天祥.差序政府信任的微观生态结构和衍生逻辑:构型研究的视角[J].北京大学学报(哲学社会科学版),2022,59(5):107-118.

[55] 马艳霞.公共文化服务体系构建中民间参与的主体、方式和内容[J].图书情报工作,2015,59(12):5-11.

[56] 迈尔-舍恩伯格,库克耶.大数据时代:生活、工作与思维的大变革[M].盛杨燕,周涛,译.杭州:浙江人民出版社,2013.

[57] 宁靓,赵立波.政府购买公共服务精准化的大数据应用模式研究[J].山东大学学报(哲学社会科学版),2018(3):150-158.

[58] 诺斯.制度、制度变迁与经济绩效[M].上海:上海三联书店,1994.

[59] 容志.基层政府公共服务供给的问题与对策:基于上海的研究[J].上海

行政学院学报,2011,12(6):43-51.

[60] 萨瓦斯.民营化与公私部门的伙伴关系[M].周志忍,等译.修订版.北京:中国人民大学出版社,2017.

[61] 沙.公共服务提供[M].孟华,译.北京:清华大学出版社,2009.

[62] 史卫民,郑建君,李国强,等.中国公民政策参与研究:基于2011年全国问卷调查数据[M].北京:中国社会科学出版社,2013.

[63] 宋方青,李书静.比较视野下的中国公共法律服务建构[J].人民论坛·学术前沿,2021(24):121-125.

[64] 苏超.上海市公共文化服务供给模式研究[J].图书馆学研究,2017(8):81-87.

[65] 孙杨.探究政府公共文化服务的职能意蕴、尚存问题与创新路径[J].现代经济信息,2020(10):166-167.

[66] 唐雄山,余慧珍,郑妙珠,等.家庭心理情感能量场研究[M].广州:中山大学出版社,2019.

[67] 天津市司法局课题组.政府购买法律服务研究[J].中国司法,2016(7):29-34.

[68] 万如意.大数据分析在政府采购领域中的应用:数据、技术与案例[J].中国政府采购,2015(12):52-56.

[69] 王春婷,鲁利洁.基层政府购买公共服务中的干预行为研究:基于两个案例的探索[J].江苏社会科学,2021(5):100-110.

[70] 王大为.公共文化服务的基本特征与现代政府的文化责任[J].齐齐哈尔师范高等专科学校学报,2007(3):67-69.

[71] 王东,韩雅童.我国政府购买法律服务制度的实践考察:构成要素、运行现状与优化路径[J].新疆财经大学学报,2018(4):62-69.

[72] 王峰虎,方丽娟.基层政府公共服务能力分析及提升策略[J].西安交通大学学报(社会科学版),2008,28(6):23-26,60.

[73] 王海燕.政府力量:公共文化服务体系的建设主导[J].甘肃社会科学,2013(4):209-211,233.

[74] 王金水.公民能力的拓展:基层政府公共服务供给的趋势[J].中国行政管理,2009(11):95-99.

[75] 王妮丽.欠发达地区城市基层政府购买社区公共服务的困境与突破

[J].四川理工学院学报(社会科学版),2019,34(6):74-86.

[76] 王浦劬,郝秋笛,等.政府向社会力量购买公共服务发展研究:基于中英经验的分析[M].北京:北京大学出版社,2016.

[77] 王诗宗,杨帆.基层政策执行中的调适性社会动员:行政控制与多元参与[J].中国社会科学,2018(11):135-155,205-206.

[78] 王晓征.基层政府向社会组织购买公共服务探析:基于豫东地区的实证研究[J].社会主义研究,2013(5):112-117,170.

[79] 王旭伟,常雪峰.政府购买公共法律服务存在的问题及解决路径研究[J].辽宁公安司法管理干部学院学报,2021(5):80-86.

[80] 王雨磊.缘情治理:扶贫送温暖中的情感秩序[J].中国行政管理,2018(5):96-101.

[81] 王玉华,李森.基层政府公共服务能力研究:基于完善省以下财政体制的视角[M].北京:中国财政经济出版社,2010.

[82] 王志卿.我国地方政府购买公共法律服务研究:以中山市、杭州市为例[D].上海:上海交通大学,2015.

[83] 魏中龙,等.政府购买服务的理论与实践研究[M].北京:中国人民大学出版社,2014.

[84] 巫志南.公共文化产品和服务精准供给研究[J].图书与情报,2019(1):31-40.

[85] 吴新叶.城市化进程中的农村社会管理研究[M].上海:上海人民出版社,2014.

[86] 武小川.公众参与社会治理的法治化研究[M].北京:中国社会科学出版社,2016.

[87] 武学良.欧洲公共文化服务与建设及其对我国的启示:以英国和荷兰为例[J].未来与发展,2016,40(8):47-50.

[88] 习近平.论坚持全面依法治国[M].北京:中央文献出版社,2020.

[89] 习近平.习近平谈治国理政:第二卷[M].北京:外文出版社,2017.

[90] 习近平.习近平谈治国理政:第三卷[M].北京:外文出版社,2020.

[91] 习近平.习近平谈治国理政:第一卷[M].2版.北京:外文出版社,2018.

[92] 肖芸,赵俊源.任务模糊性视角下科层制变革的不同走向:基于前沿文

献的评析[J].公共行政评论,2019,12(2):163-182,198.

[93] 谢罗奇.市场失灵与政府治理:政府经济职能与行为研究[M].长沙:湖南人民出版社,2005.

[94] 徐晓林,杨兰蓉.电子政务[M].2版.北京:科学出版社,2016.

[95] 徐延章.乡村振兴背景下用户参与式公共文化服务设计研究[J].图书馆,2021(10):1-8.

[96] 许同禄,刘旺洪.公共法律服务体系建设的理论与实践[M].南京:江苏人民出版社,2014.

[97] 薛艳.公共文化服务绩效评估研究:以沧浪区为例[J].中外企业家,2014(19):60-62.

[98] 颜玉凡,叶南客.文化治理视域下的公共文化服务:基于政府的行动逻辑[J].开放时代,2016(2):158-173,8.

[99] 燕继荣,等.中国现代国家治理体系的构建[M].北京:社会科学文献出版社,2018.

[100] 杨凯.以新发展理念引领公共法律服务评价指标体系建构[J].中国党政干部论坛,2021(6):82-85.

[101] 杨凯,郑振玉,王丽莎.论公共法律服务考评体系与定价体系的契合[J].法治论坛,2020(2):111-122.

[102] 杨书胜.政府购买服务内卷化倾向及成因分析[J].理论与改革,2015(3):127-129.

[103] 杨思斌,李佩瑶.慈善组织的概念界定、制度创新与实施前瞻[J].河北大学学报(哲学社会科学版),2016,41(5):18-24.

[104] 余绪鹏.新时代政府法律顾问制度的实践与完善[J].领导科学,2019(16):20-23.

[105] 俞四海.党政机关法律顾问功能发挥的实践检视与优化路径[J].领导科学,2020(20):106-109.

[106] 詹国彬.需求方缺陷、供给方缺陷与精明买家:政府购买公共服务的困境与破解之道[J].经济社会体制比较,2013(5):142-150.

[107] 张皓珏,张广钦.国外政府公共文化服务绩效评价管理制度研究:对比英美日澳瑞五国[J].图书与情报,2021(3):125-134.

[108] 张红岭.文化政策的四种模式及其启示[J].学术论坛,2016,39(7):

143-148.

[109] 张鲁萍.政府购买法律服务:正当性、困境与路径[J].求实,2018(3):58-68.

[110] 张维迎.博弈与社会[M].北京:北京大学出版社,2013.

[111] 张武强,汪雷,王蕙.基层政府公共服务能力:影响因素及对策分析[J].江西社会科学,2009(5):192-196.

[112] 张彦华.网络社群的三重效应及其对公共决策的影响研究:基于传播政治经济学的视角[J].宁夏社会科学,2020(2):82-89.

[113] 张彦华.网络社群声誉激励机制对公共决策的影响及治理[J].社会科学辑刊,2020(6):88-97.

[114] 张彦华.网络视频平台与用户群体之间的利益平衡机制研究:基于传播政治经济学的分析视角[J].编辑之友,2021(8):51-59.

[115] 张彦华.网络视频话语的变迁及其风险治理研究:基于传播政治经济学的分析视角[J].宁夏社会科学,2022(1):204-212.

[116] 张彦华.网络视频行业的利益分配风险及其治理策略:基于传播政治经济学的分析视角[J].编辑之友,2022(9):61-70.

[117] 张彦华,崔小燕.网络社群民粹主义话语的风险溢出及其智慧治理研究[J].海南大学学报(人文社会科学版),2021,39(3):149-157.

[118] 张彦华,崔小燕.网络社群行为规范对公共政策的影响及其风险治理:基于传播政治经济学的分析视角[J].青海社会科学,2021(6):62-70.

[119] 张彦华,顾秦一.智能化舆情嵌入意识形态安全的风险、逻辑与治理路径:基于传播政治经济学的分析视角[J].西南民族大学学报(人文社会科学版),2023,44(5):187-196.

[120] 张彦华,徐帆.人工智能影响政治安全的逻辑及其风险治理:基于传播政治经济学的分析[J].社会科学战线,2022(12):196-205.

[121] 张怡歌.政府购买公共法律服务的异化与法治化破解[J].法学杂志,2019,40(2):133-140.

[122] 张永新.构建现代公共文化服务体系的重点任务[J].行政管理改革,2014(4):38-43.

[123] 张云君.完善政府法律顾问管理机制的思考[J].法制博览,2020(12):182-183.

[124] 张志超,邢天添.提升西部地区基层政府公共服务有效性[J].西北大学学报(哲学社会科学版),2011,41(1):10-14.

[125] 周佑勇.公私合作语境下政府购买公共服务现存问题与制度完善[J].政治与法律,2015(12):90-99.

[126] BRYSON A,WHITE M. High-performance work systems and the performance of public sector workplaces in Britain[J]. Oxford economic papers,2021,73(3):1057-1076.

[127] GHOBADIAN A,GALLEAR D,VINEY H,et al. Public sector performance improvement through private sector management practices:a satisfactory solution?[J]. International journal of business performance management,2007,9(4):363-379.

[128] INNES J E,BOOHER D E. Indicators for sustainable communities:a strategy building on complexity theory and distributed intelligence [J]. Planning theory & practice,2000,1(2):173-186.

[129] JO I H,LEE M Y,YOON Y J. A study on the framework of public service development for social problem solving:focused on the performance management system of governmental social problem-solving R&D projects[J]. Journal of korea service management society,2019,20(3):191-209.

[130] KIZLARI D,FOUSEKI K. The mechanics of cultural diplomacy:a comparative case study analysis from the European context[J]. The journal of arts management,law,and society,2018,48(2):133-147.

[131] MCCAHILL D,BIRDI B,JONES R B. Investigating the public response to local government decisions to reduce or remove public library services[J]. Journal of librarianship and information science,2020,52(1):40-53.

[132] PAPCUNOVÁ V,VAVREK R,DVOŘÁK M. Role of public entities in suitable provision of public services:case study from Slovakia[J]. Administrative sciences,2021,11(4):143.

[133] PRAGER J. Contracting out government services:lessons from the private sector[J]. Public administration review,1994,54(2):

176-184.

[134] The Commission on Global Governance. Our global neighborhood: the report of the Commission on Global Governance [M]. Oxford: Oxford University Press,1995.

[135] VESTHEIM G. Cultural policy and democracy: an introduction[J]. International journal of cultural policy,2012,18(5):493-504.

[136] WOOLDRIDGE B, SMITH H J M. US sub-national governmental response to the 'great recession': implications for the 'equitable distribution of the costs and benefits of public services' [J]. International review of administrative sciences,2017,83(3):425-442.